Libro de Mandalas Para Colorear Para Adultos

Más de 100 Diseños de Mandalas Para La Concentración Y el Alivio Del Estrés, Incluyendo Animales, Flores, Figuras, Patrones Y Mucho Más

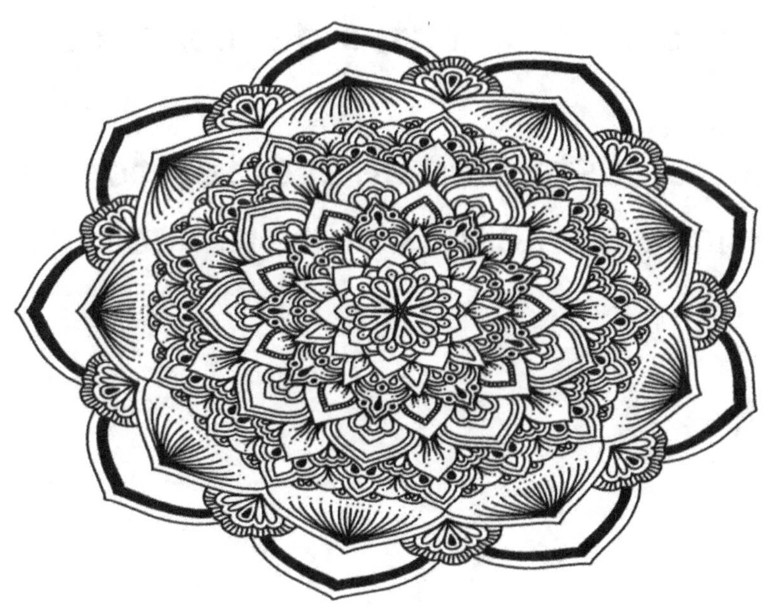

Coloreando Mandalas

Colorear mandalas es una práctica de escucha interior, de estar en el momento - "aquí y ahora".

Una práctica de concentración, equilibrio, tolerancia, meditación, autocuración, autodesarrollo y conexión con nuestro centro del alma.

El mandala es una creación cuya esencia es dar y amar, sin ego o apego. Colorear mandalas es bueno para liberar la creatividad dentro de nosotros.

Esperamos que te gusten las diferentes formas y patrones de este libro y ¡que comiences el viaje hacia tu paz interior!

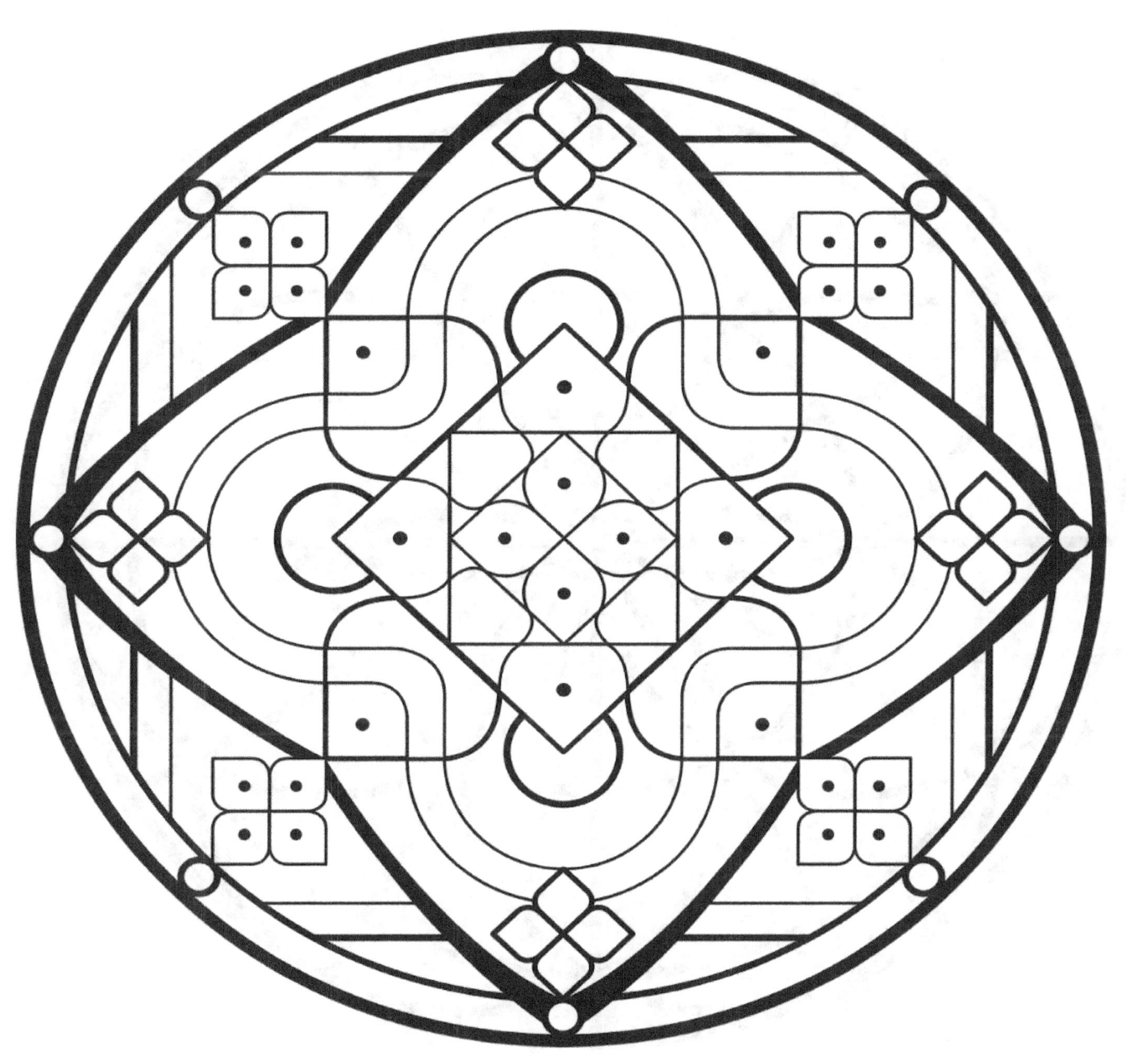

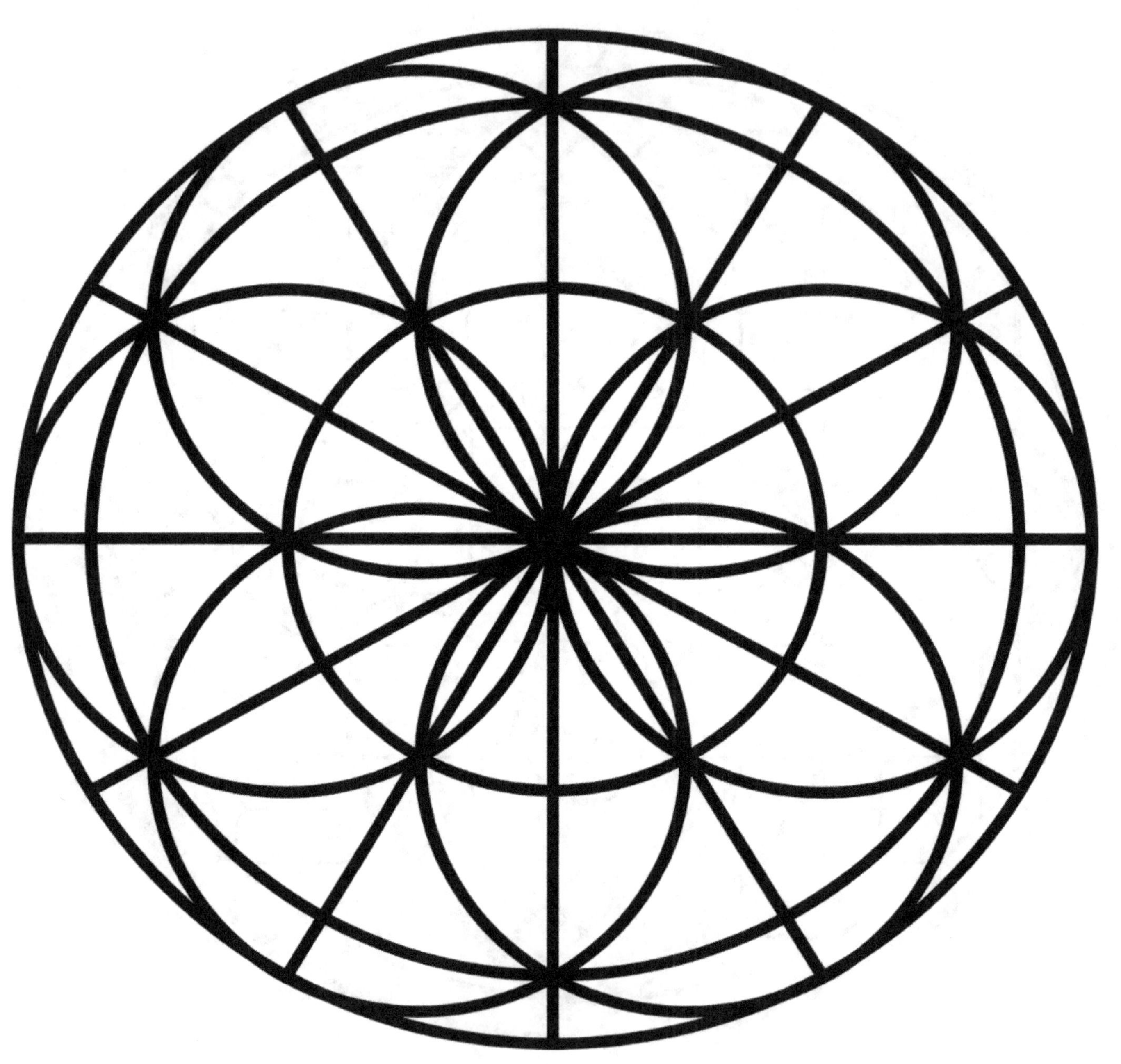

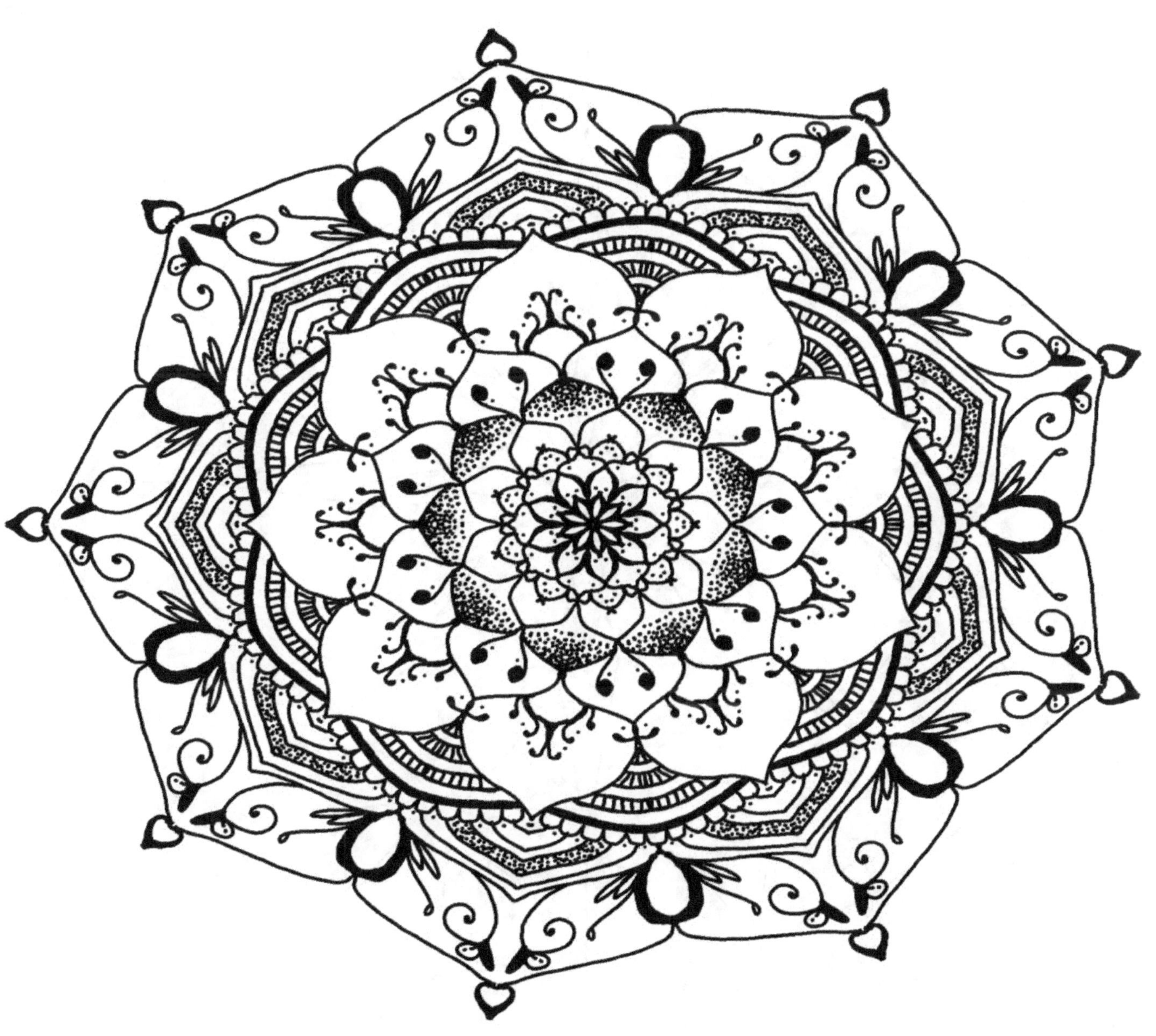

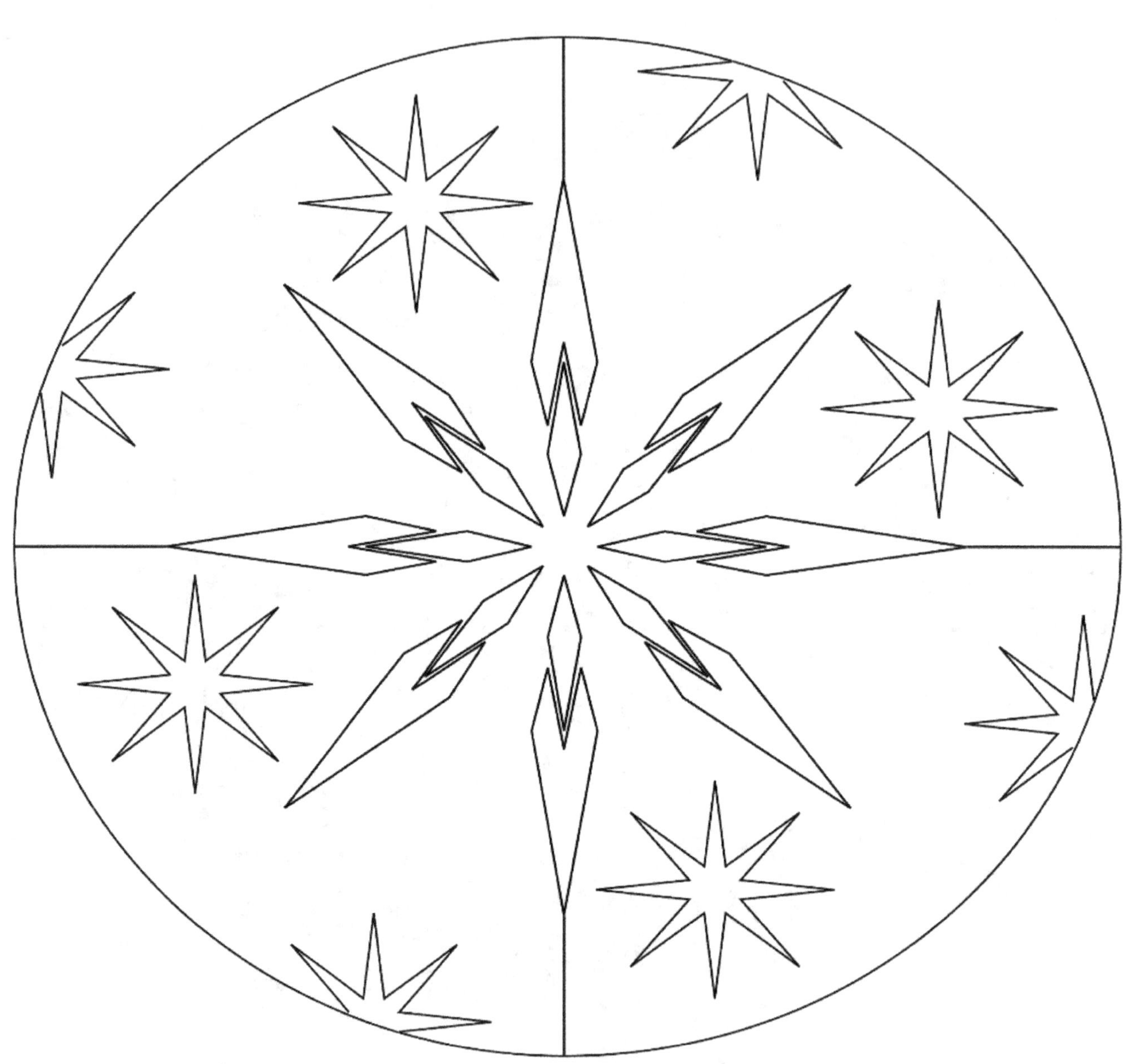

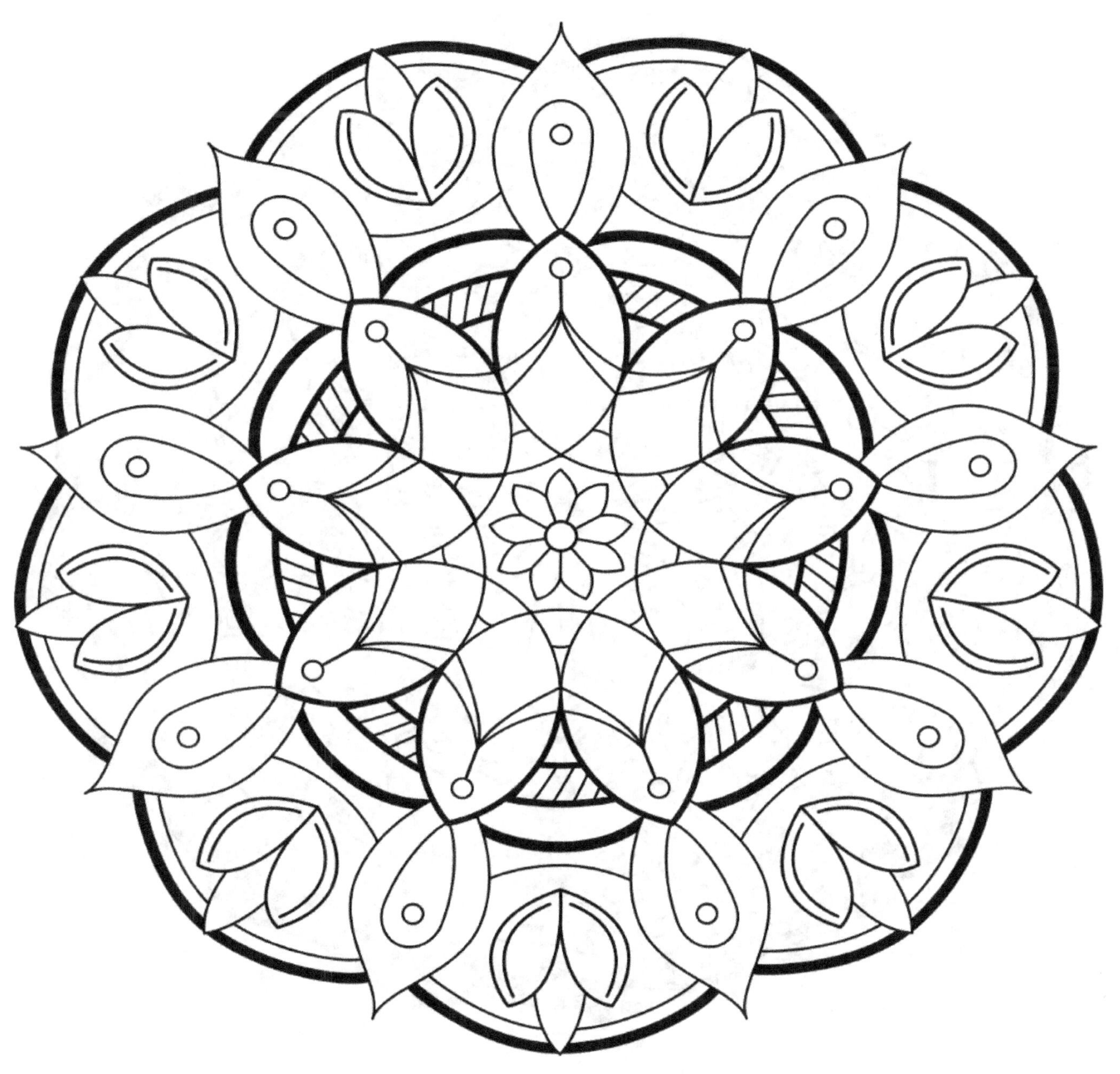

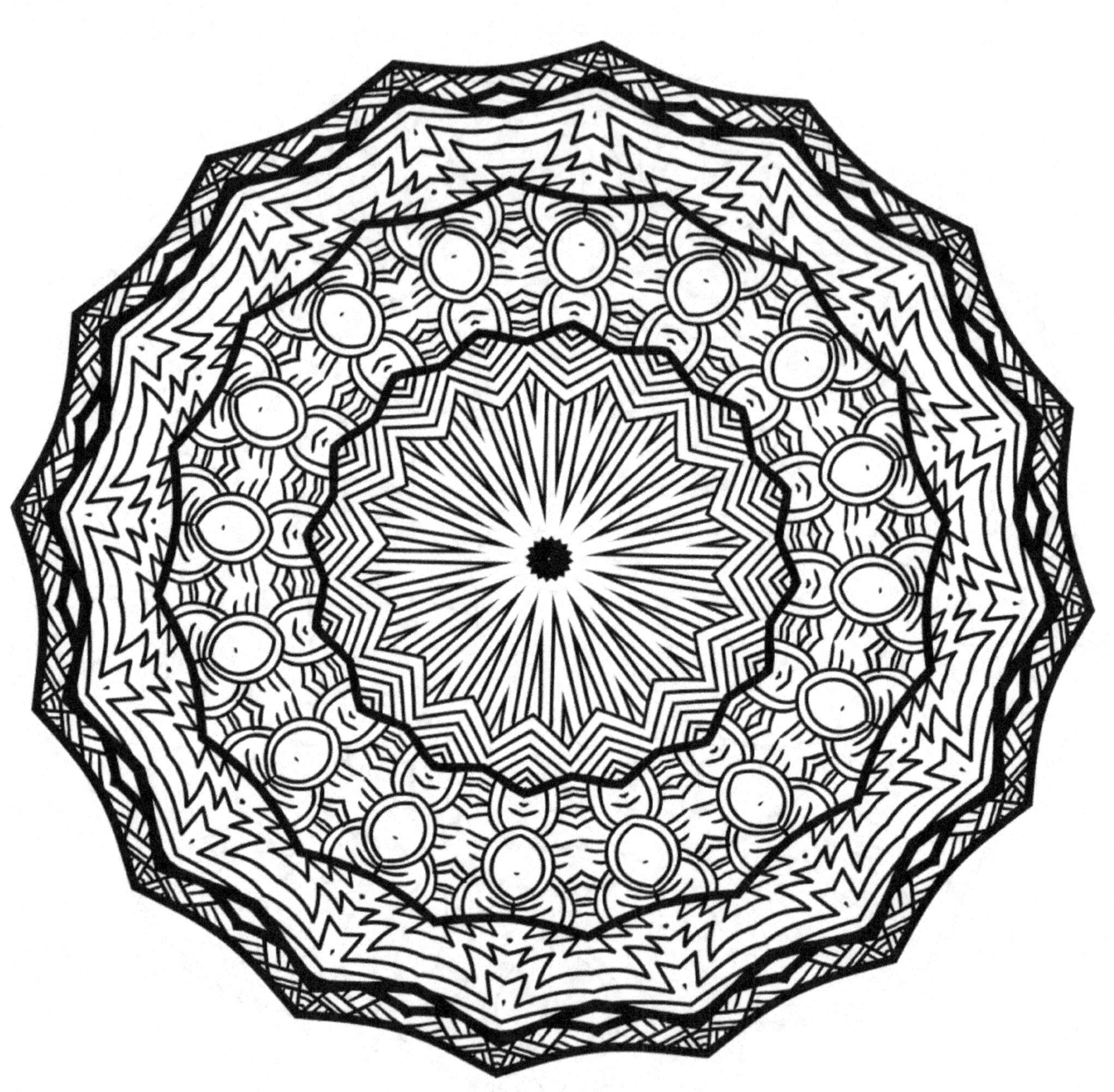

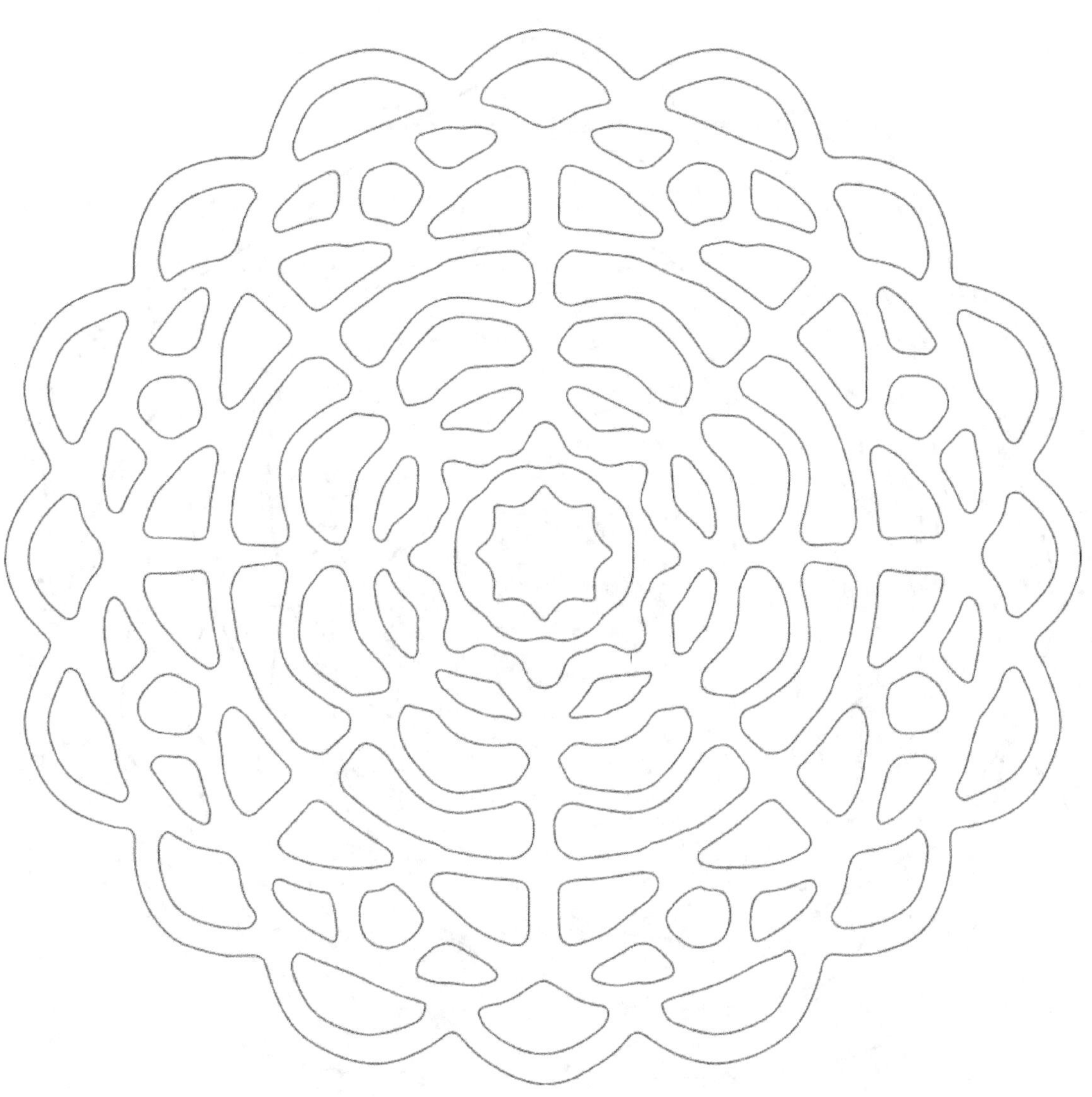

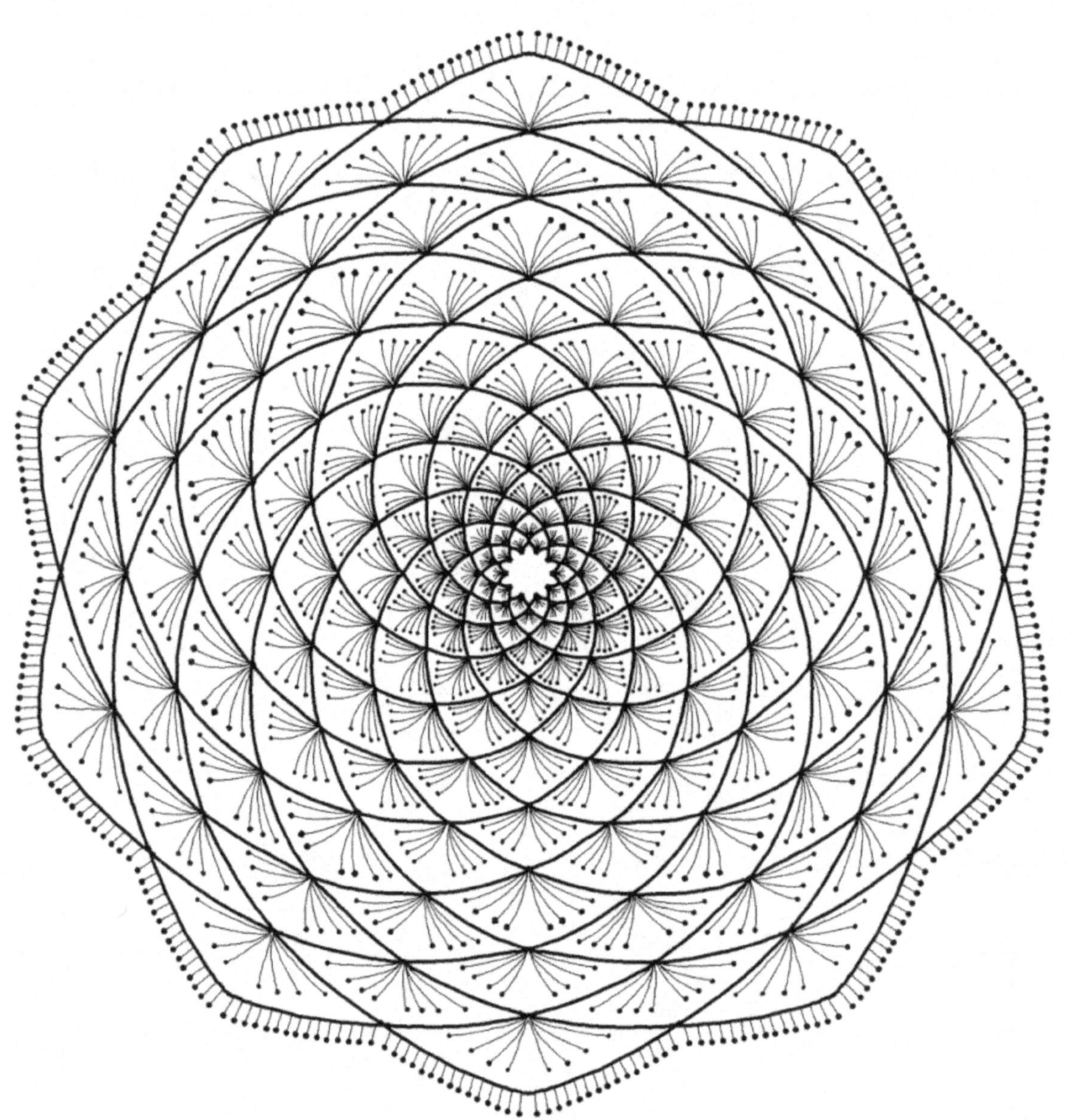

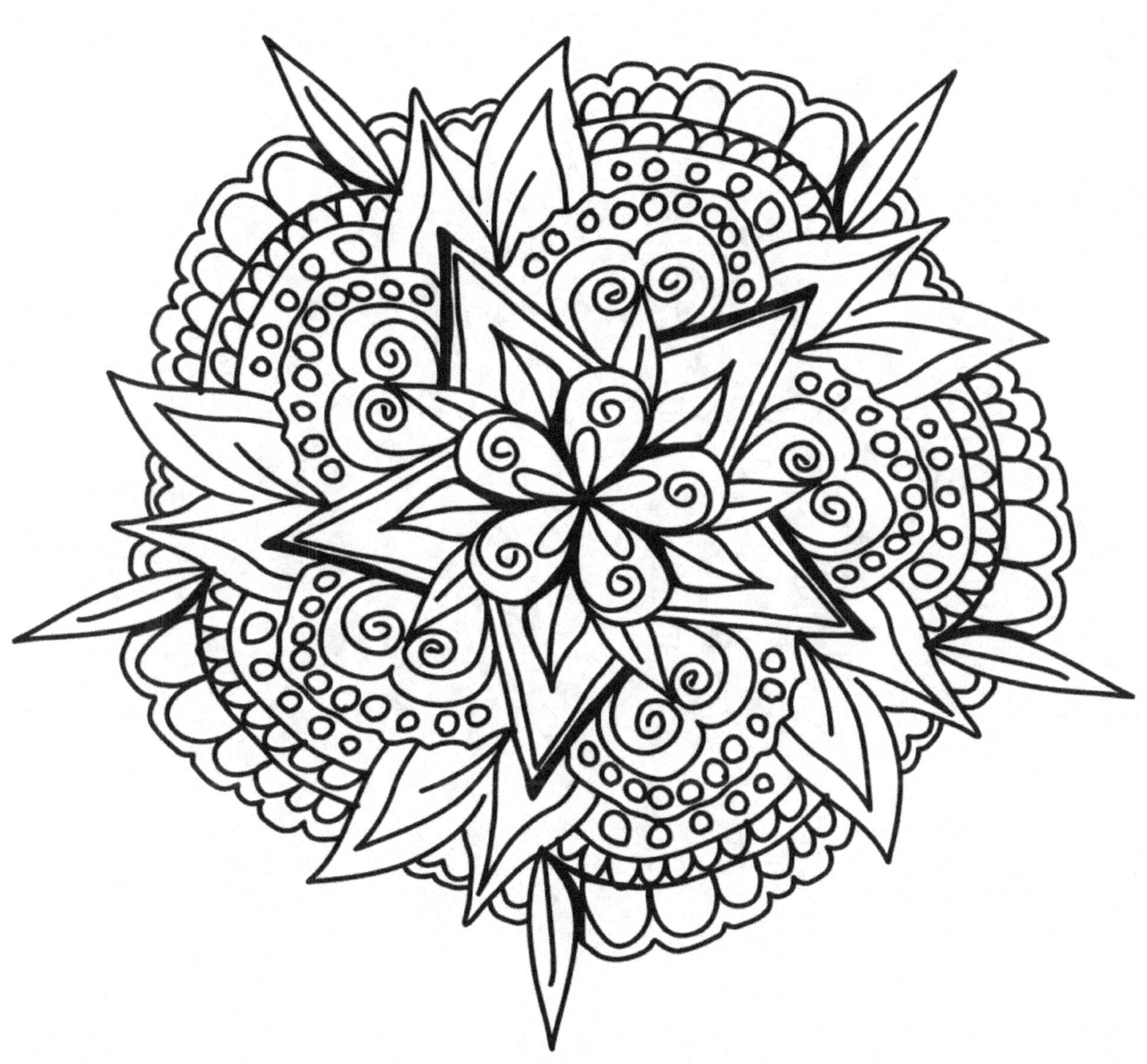

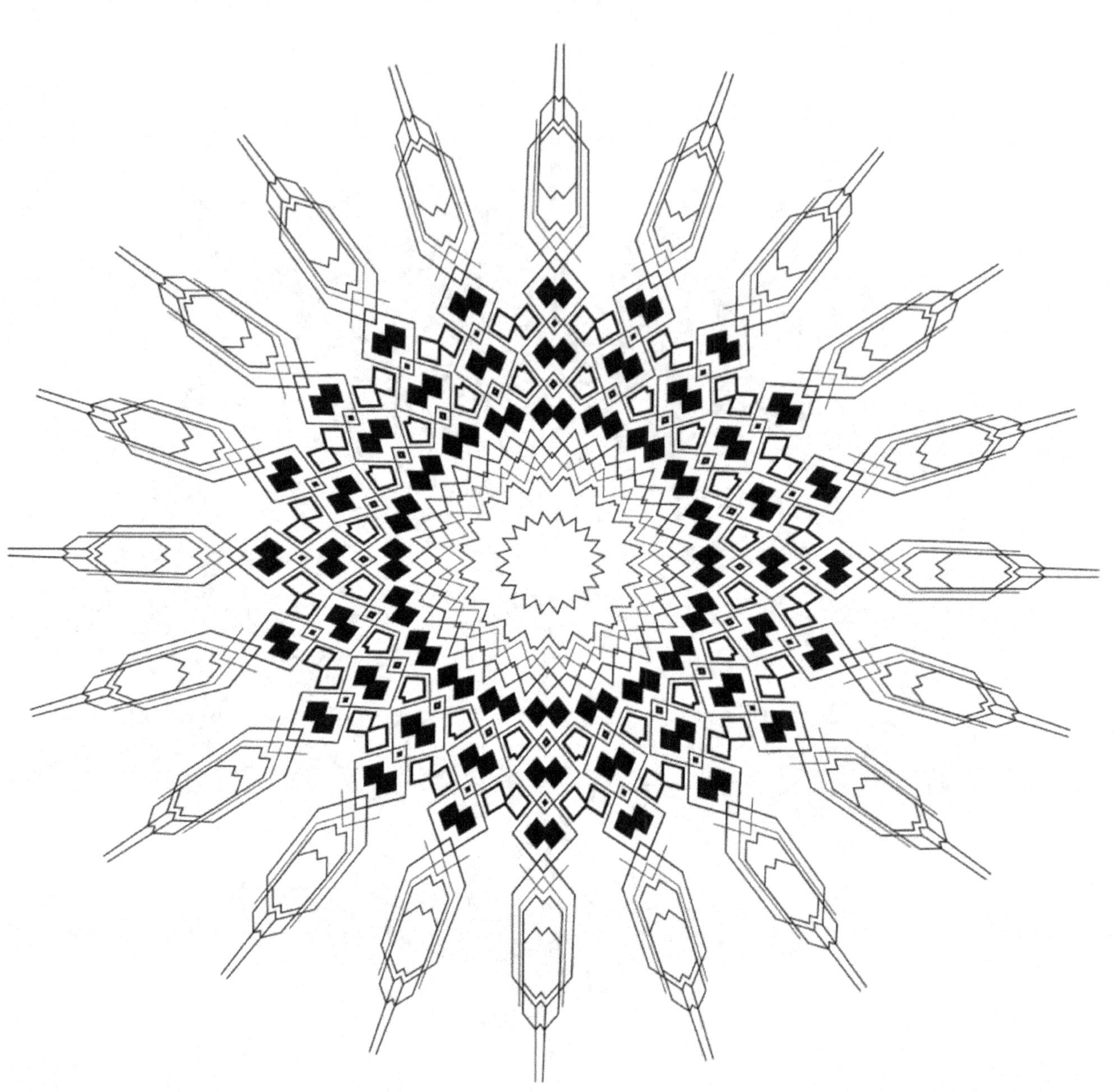

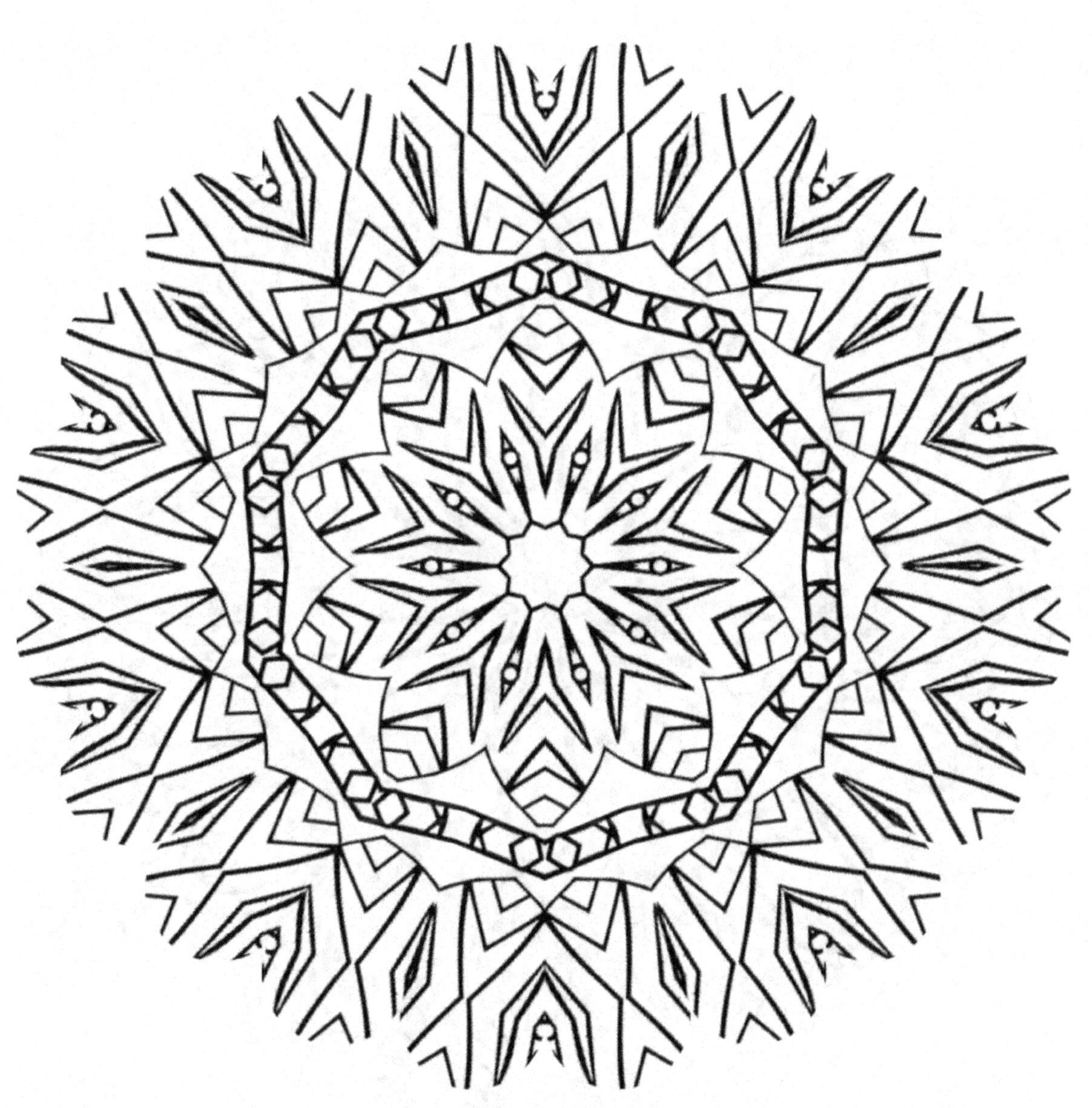

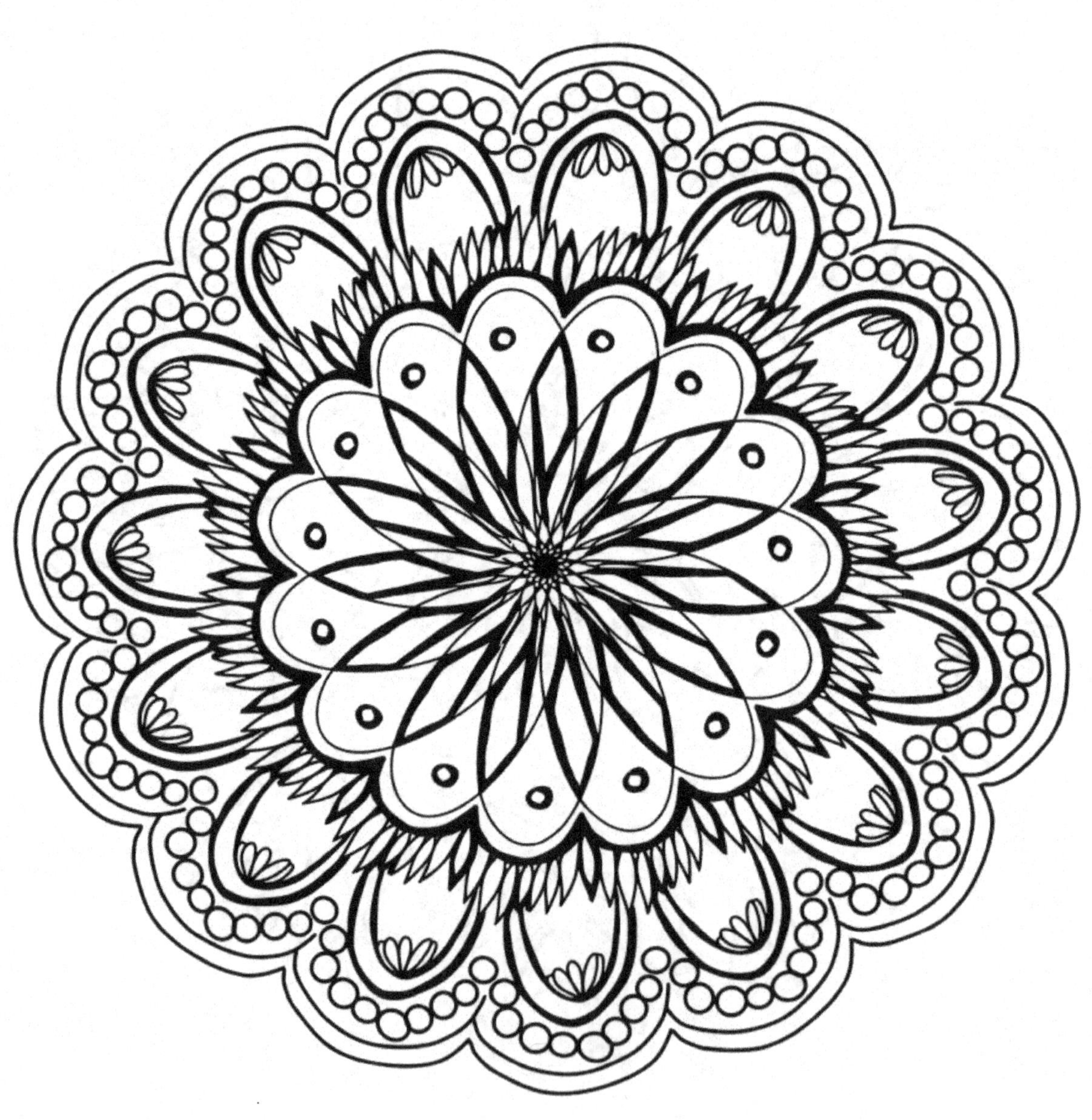

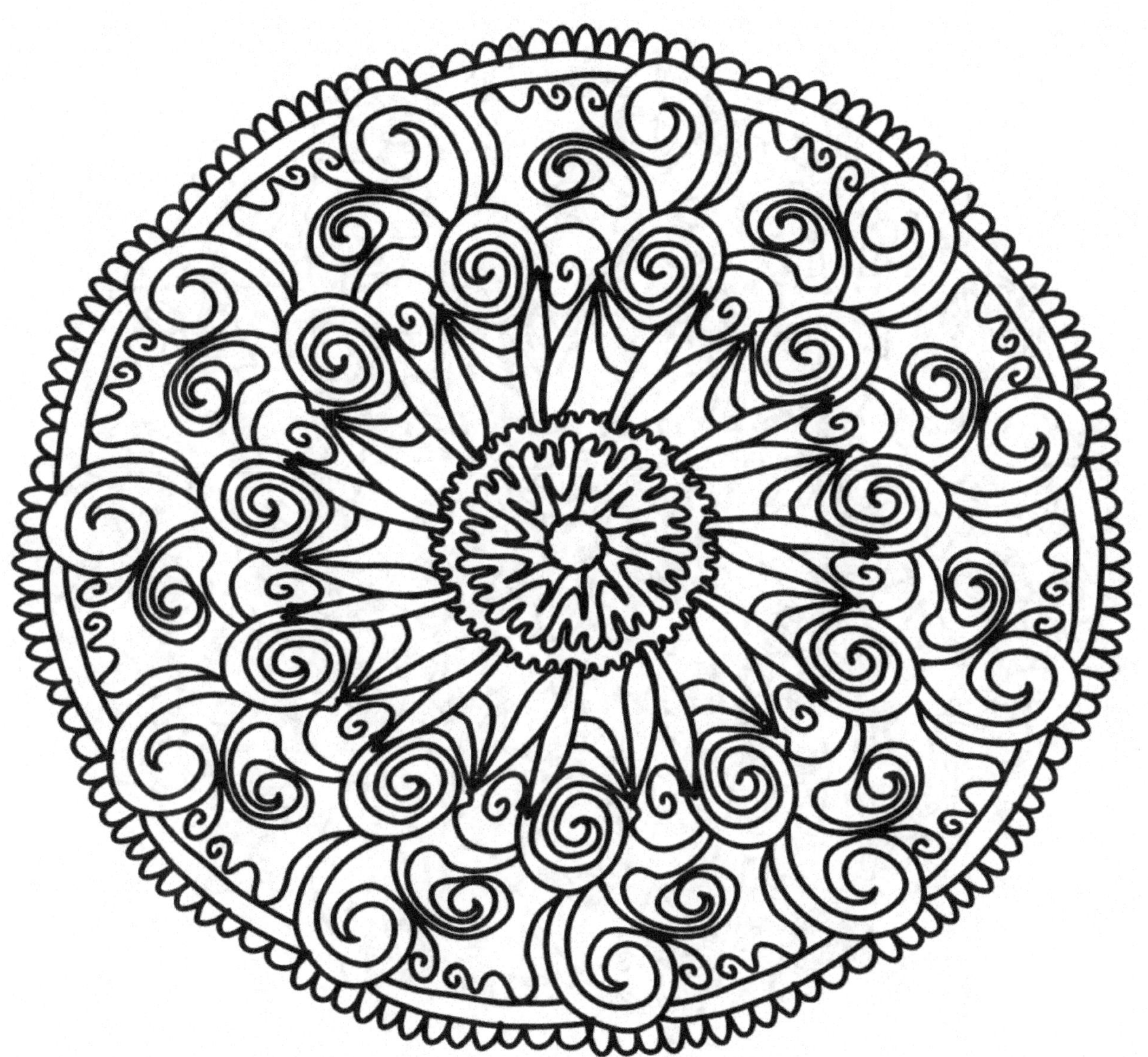

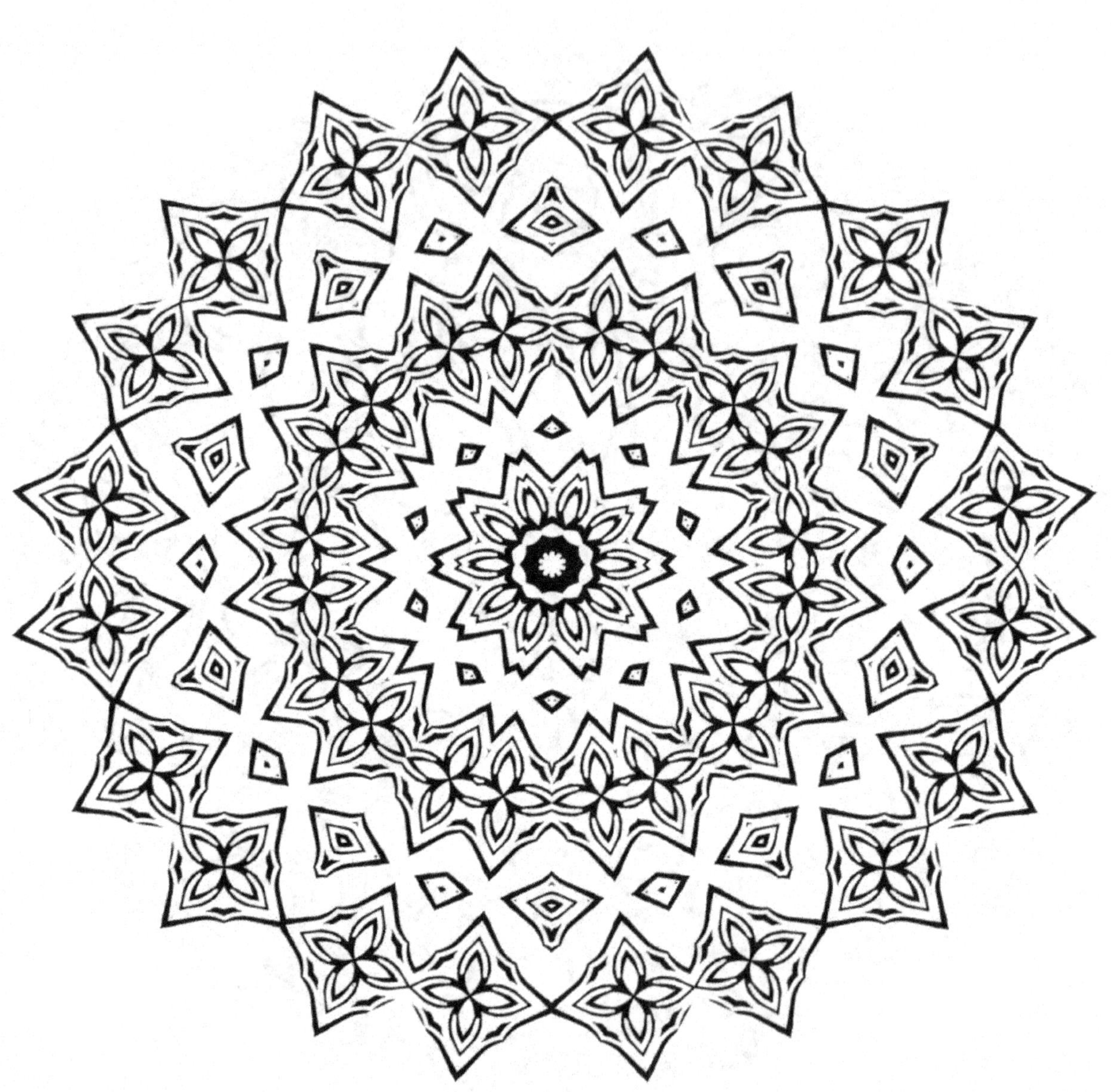

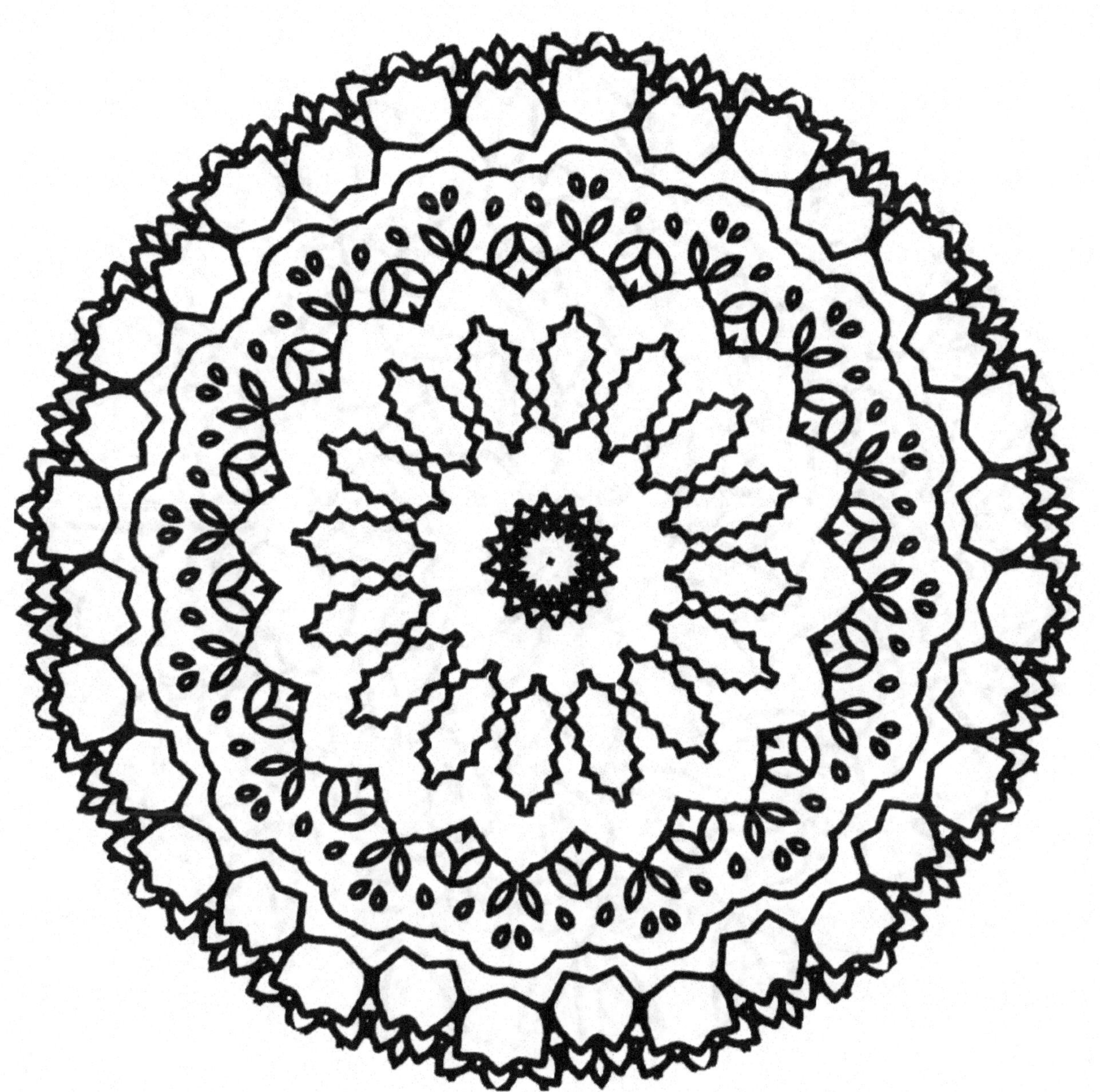

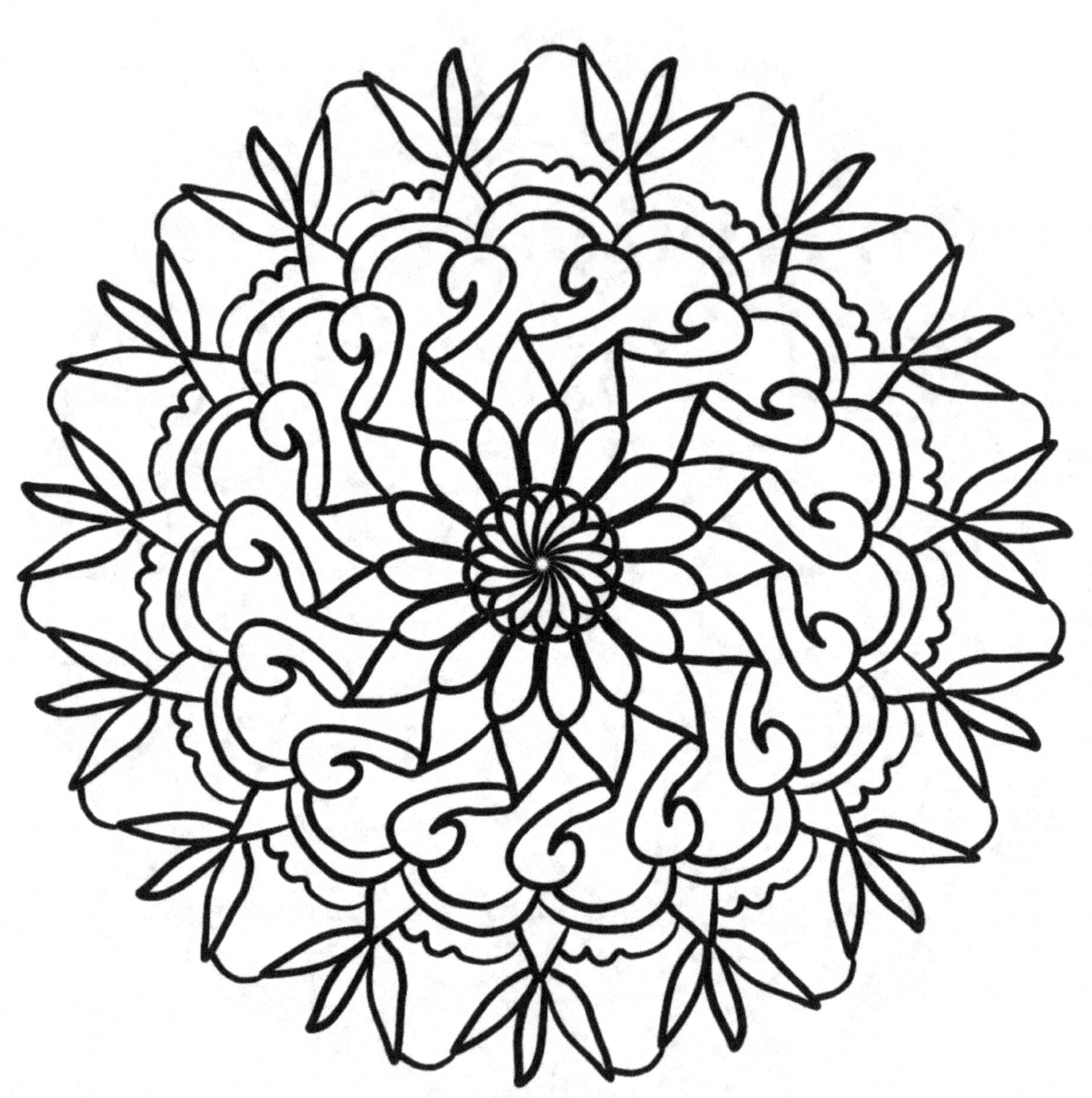

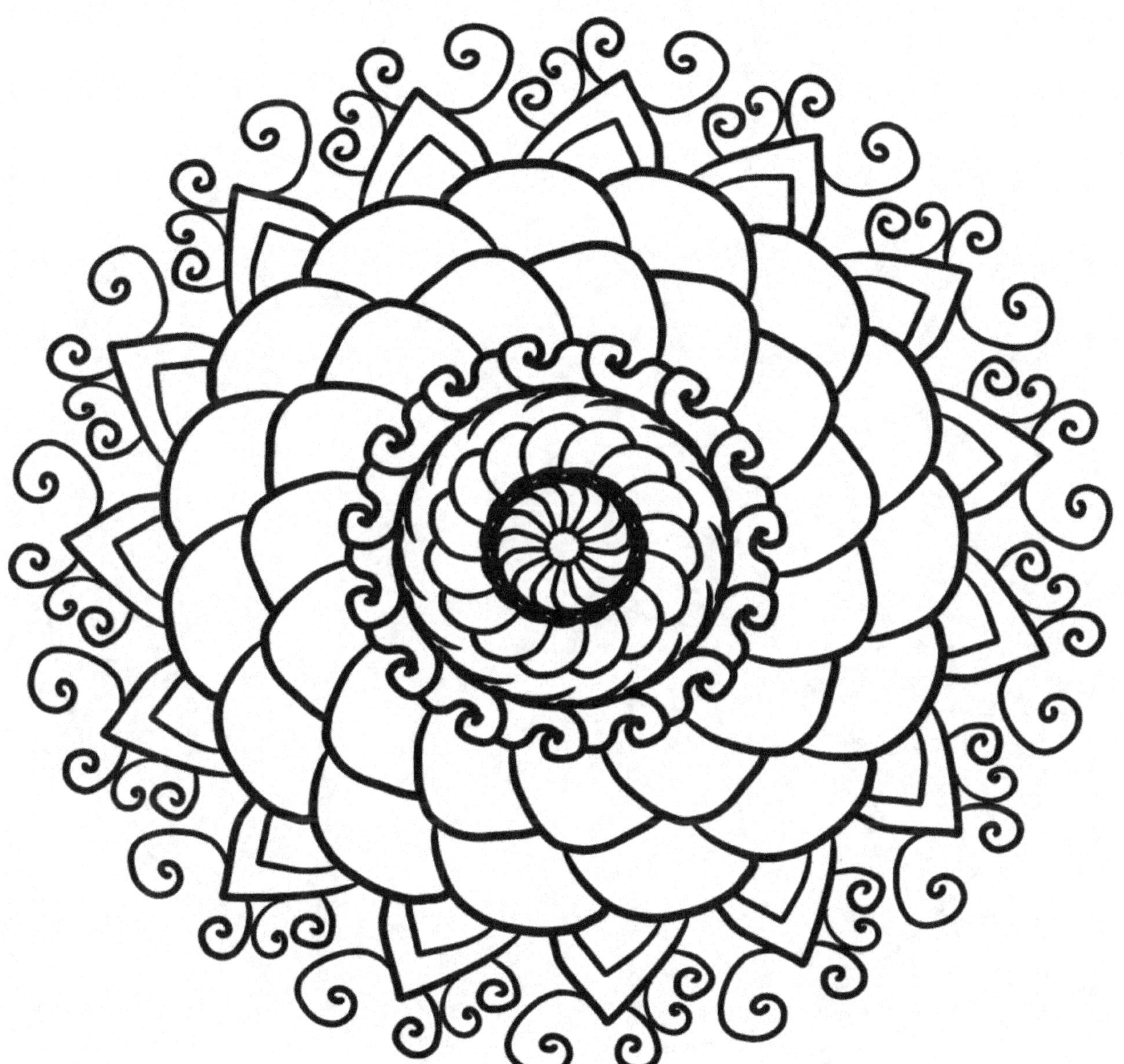

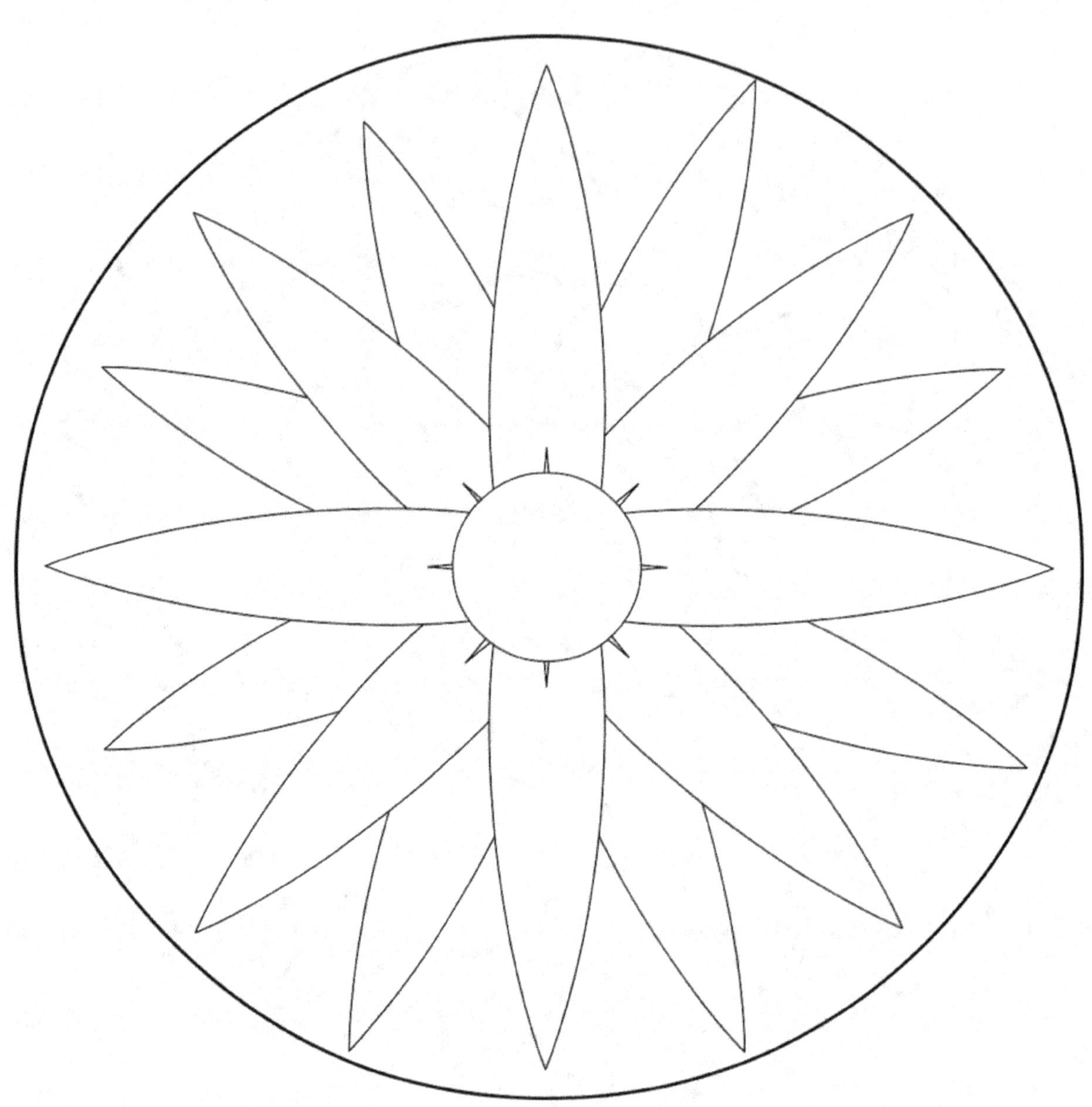

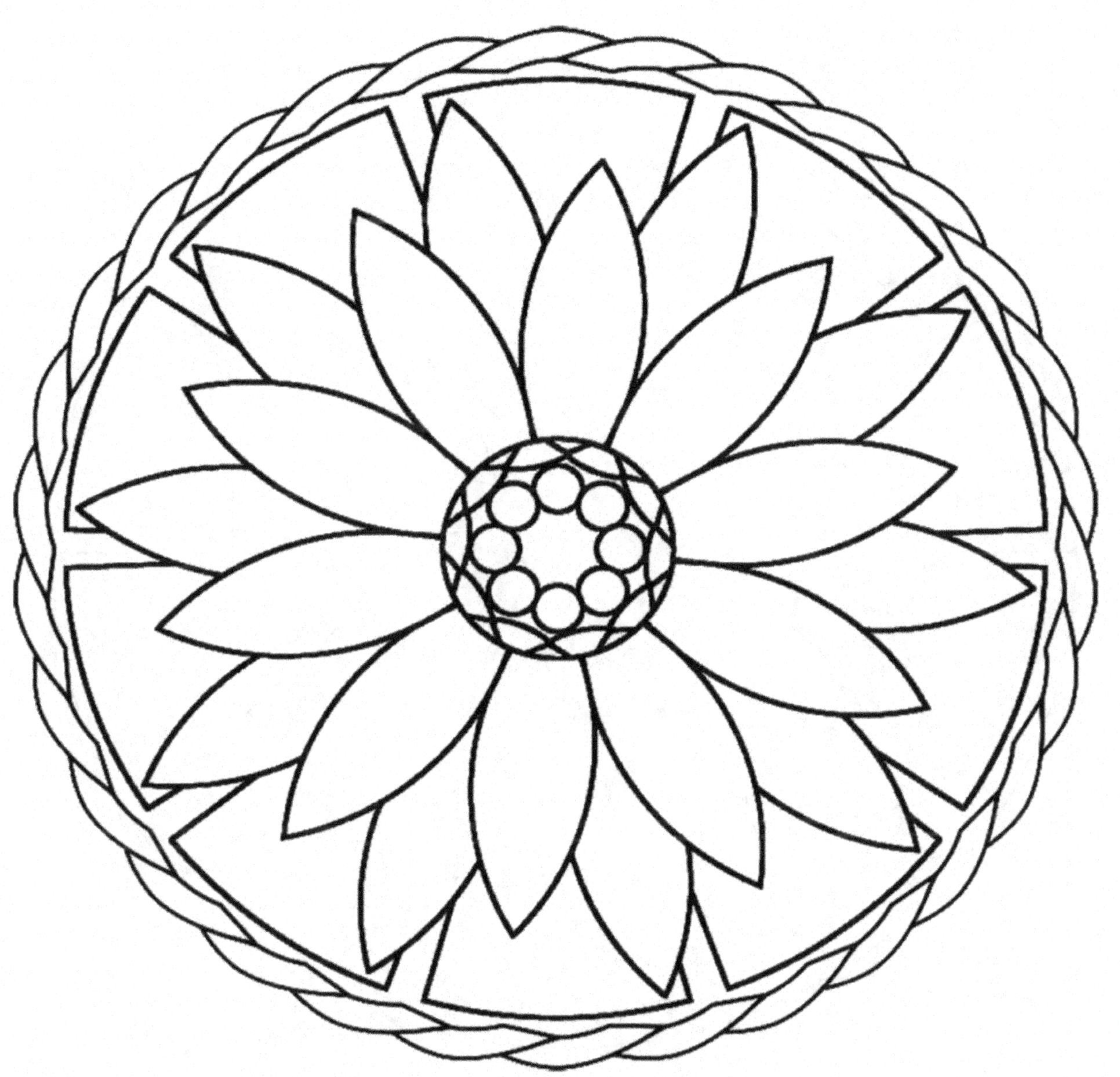

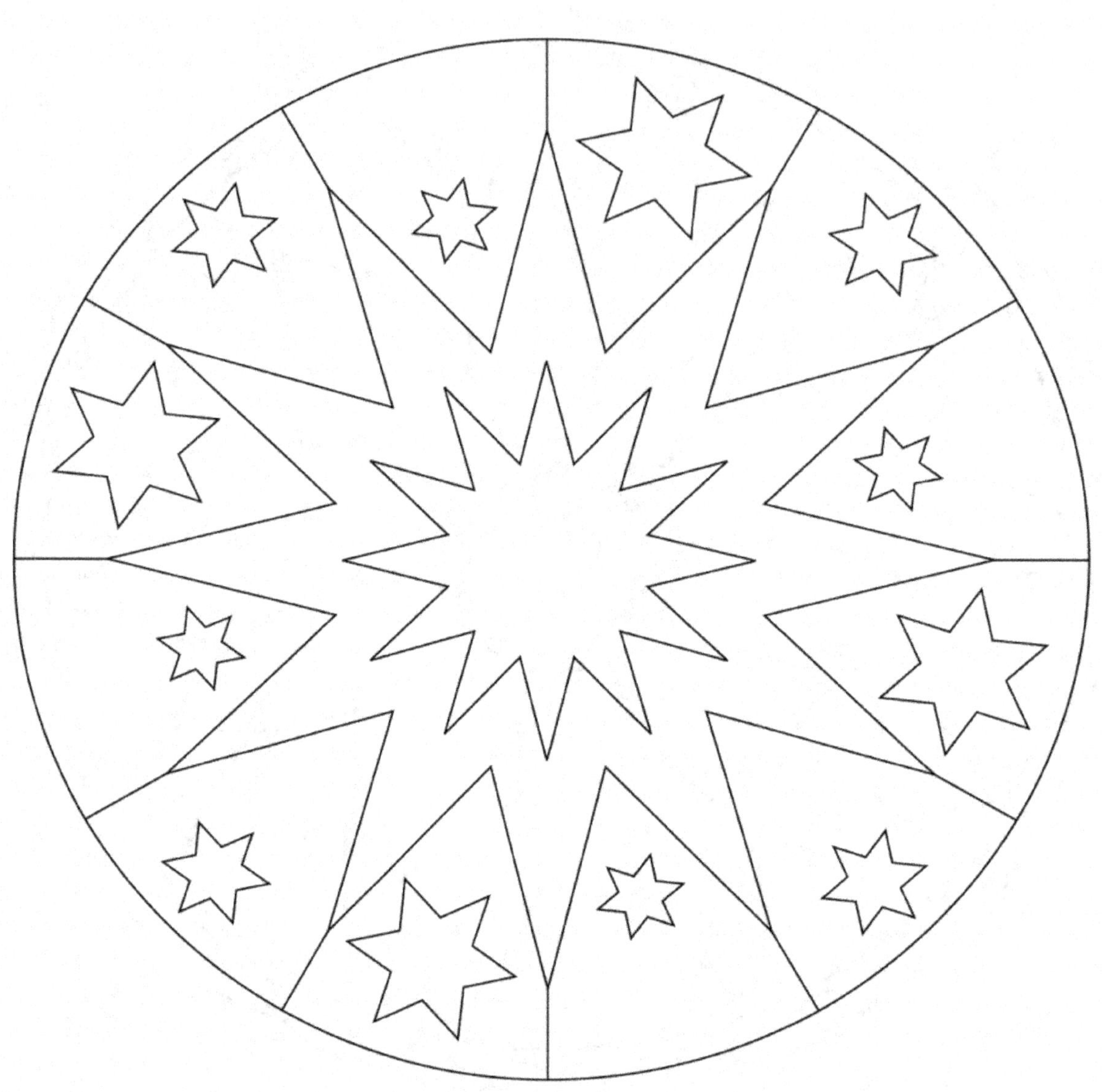

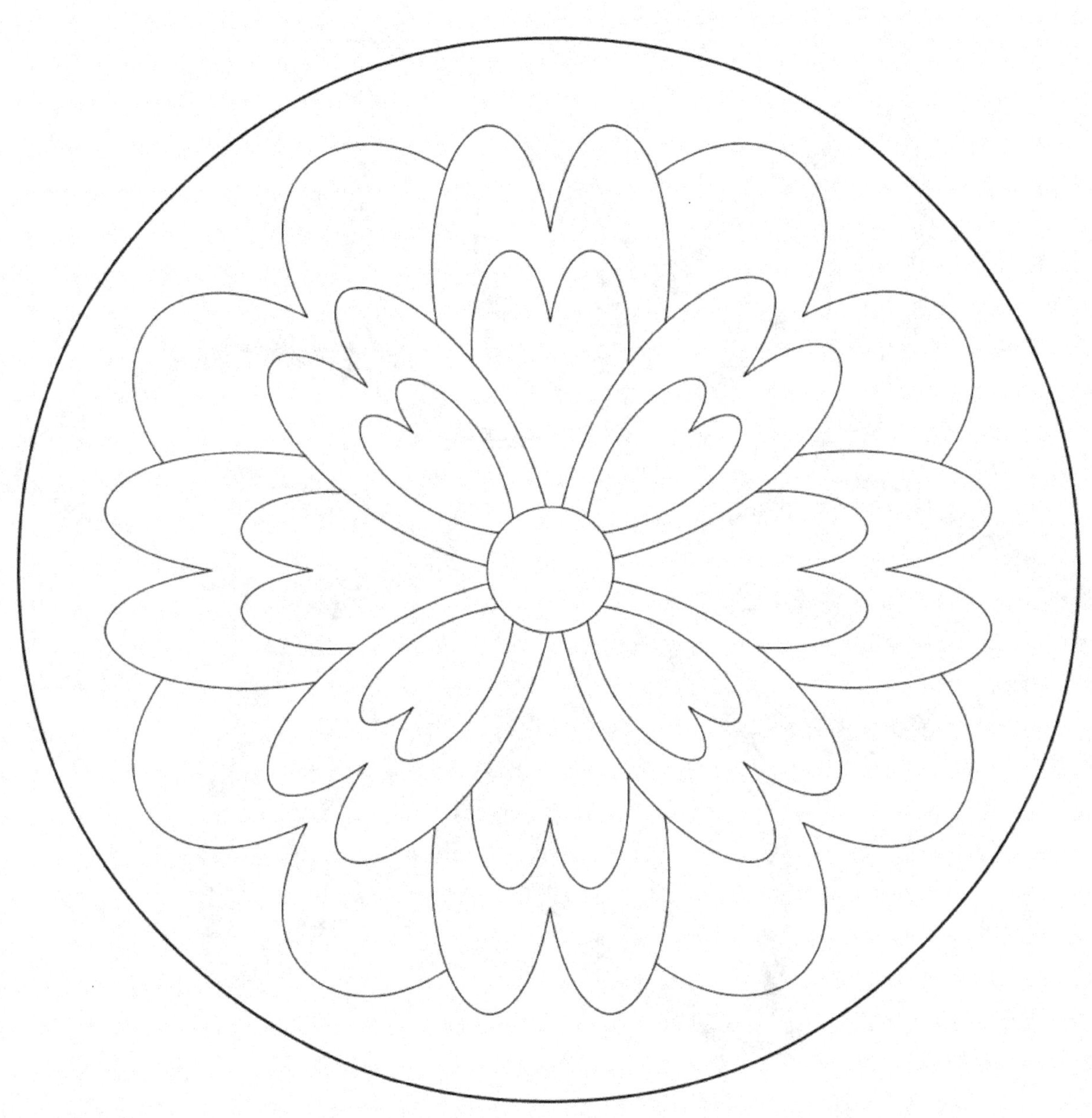

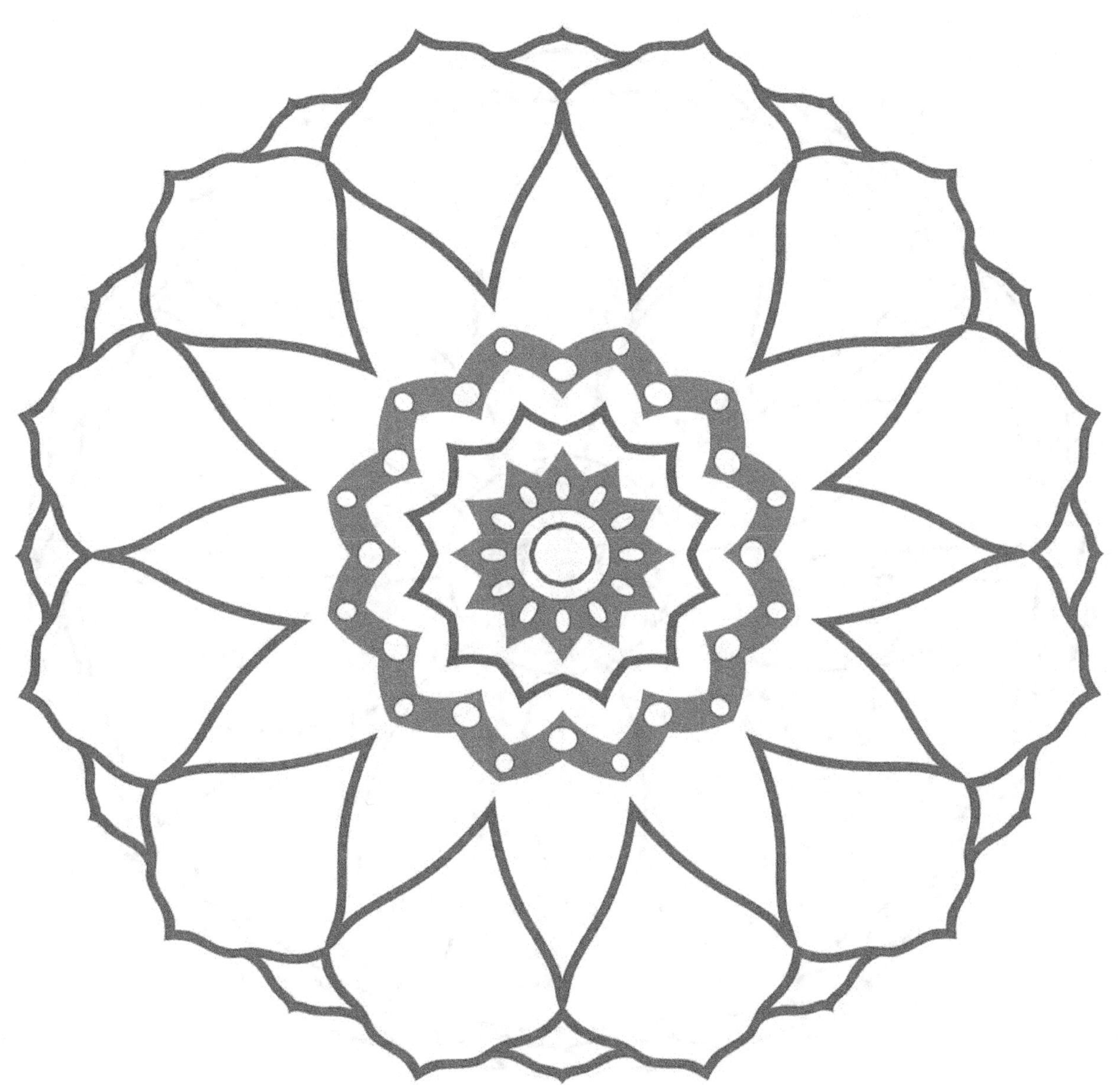

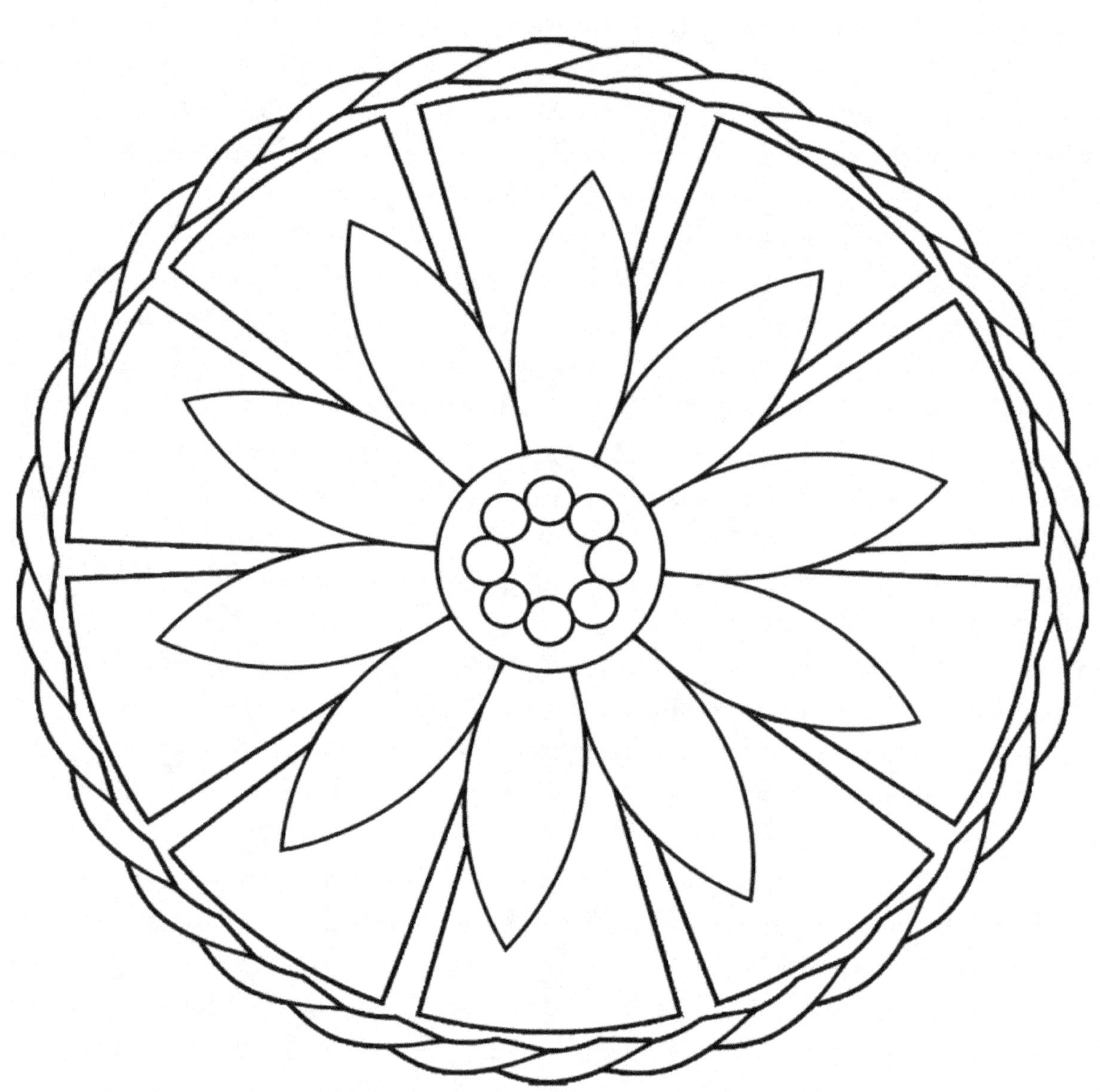

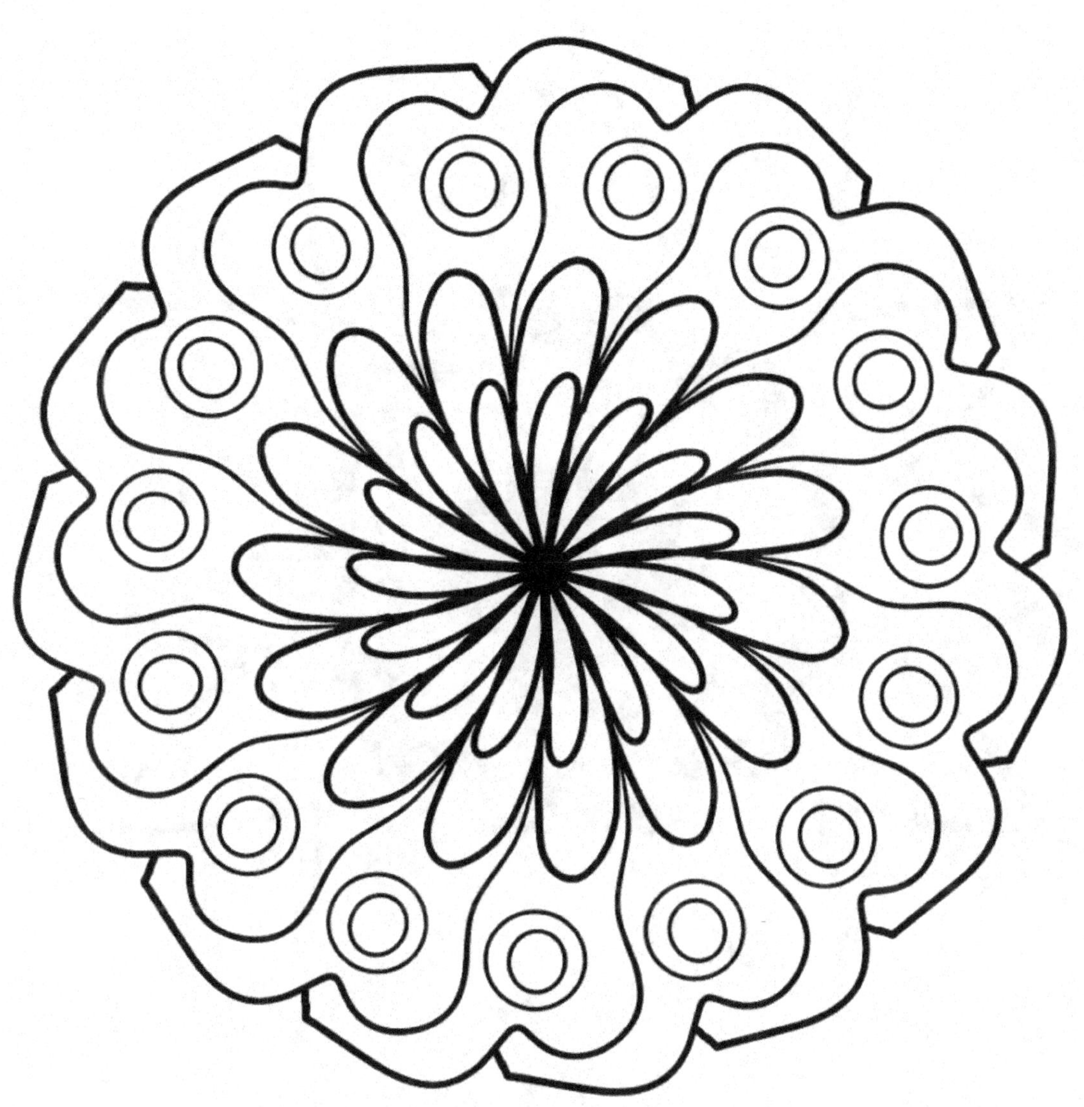

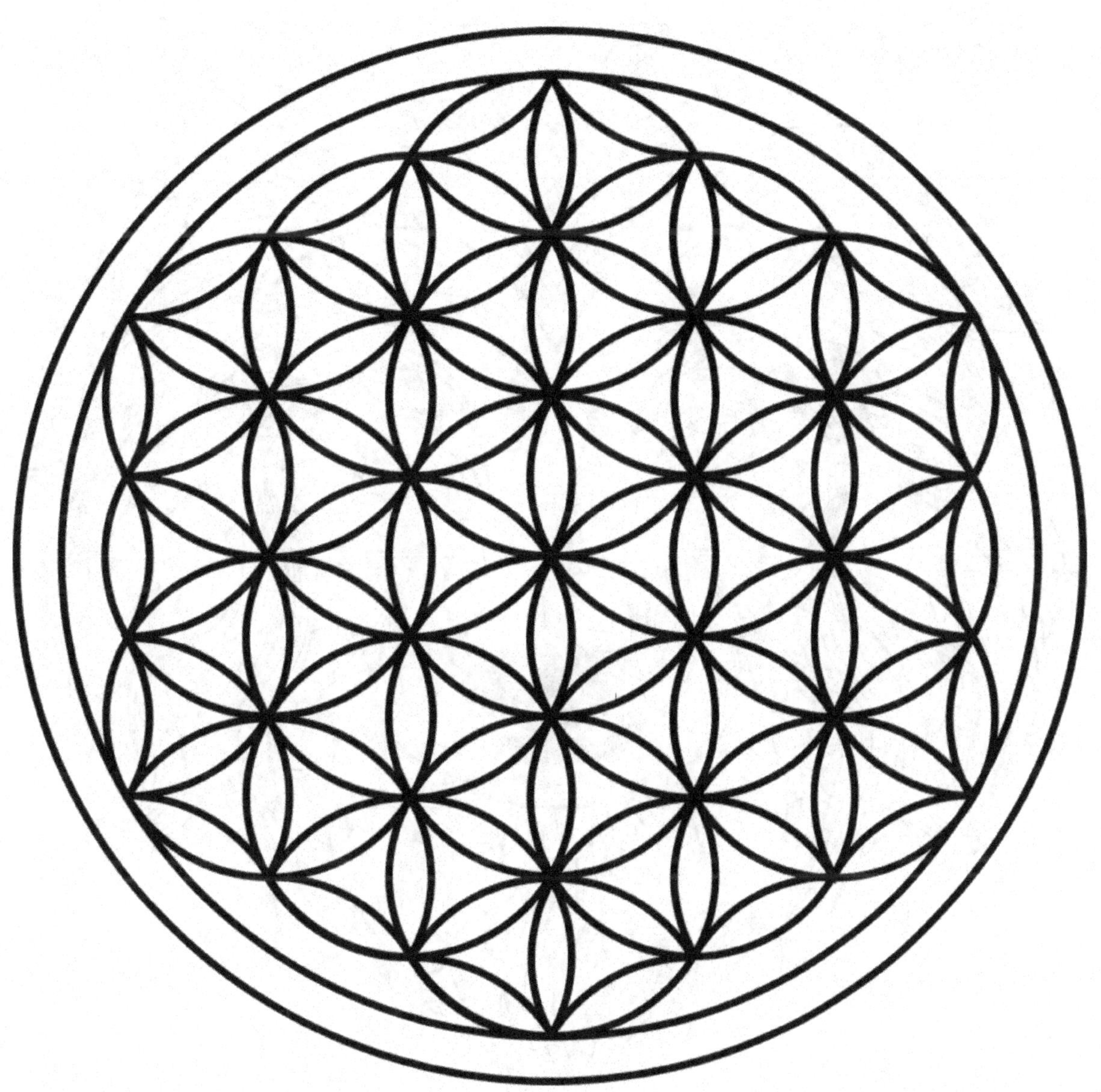

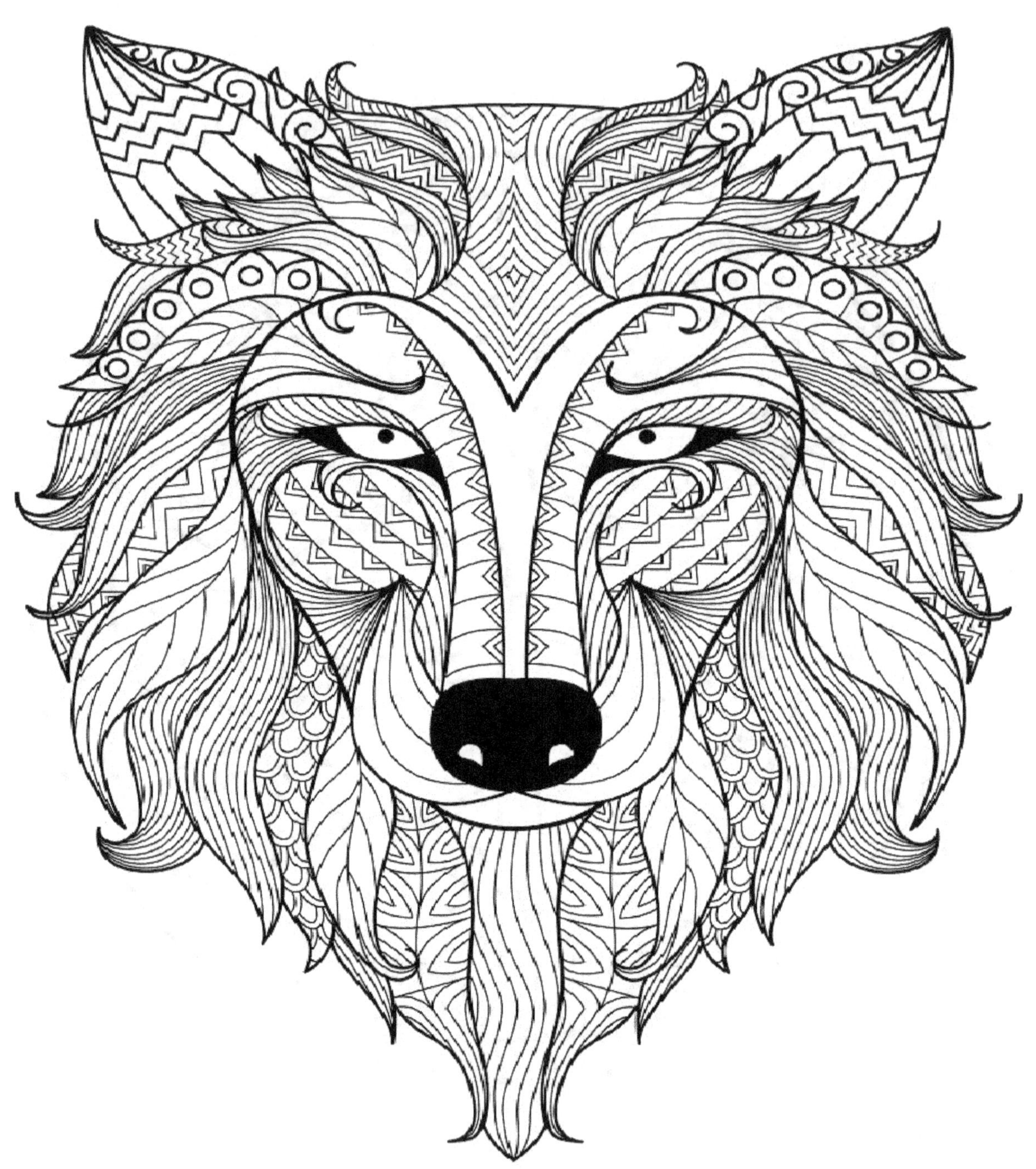

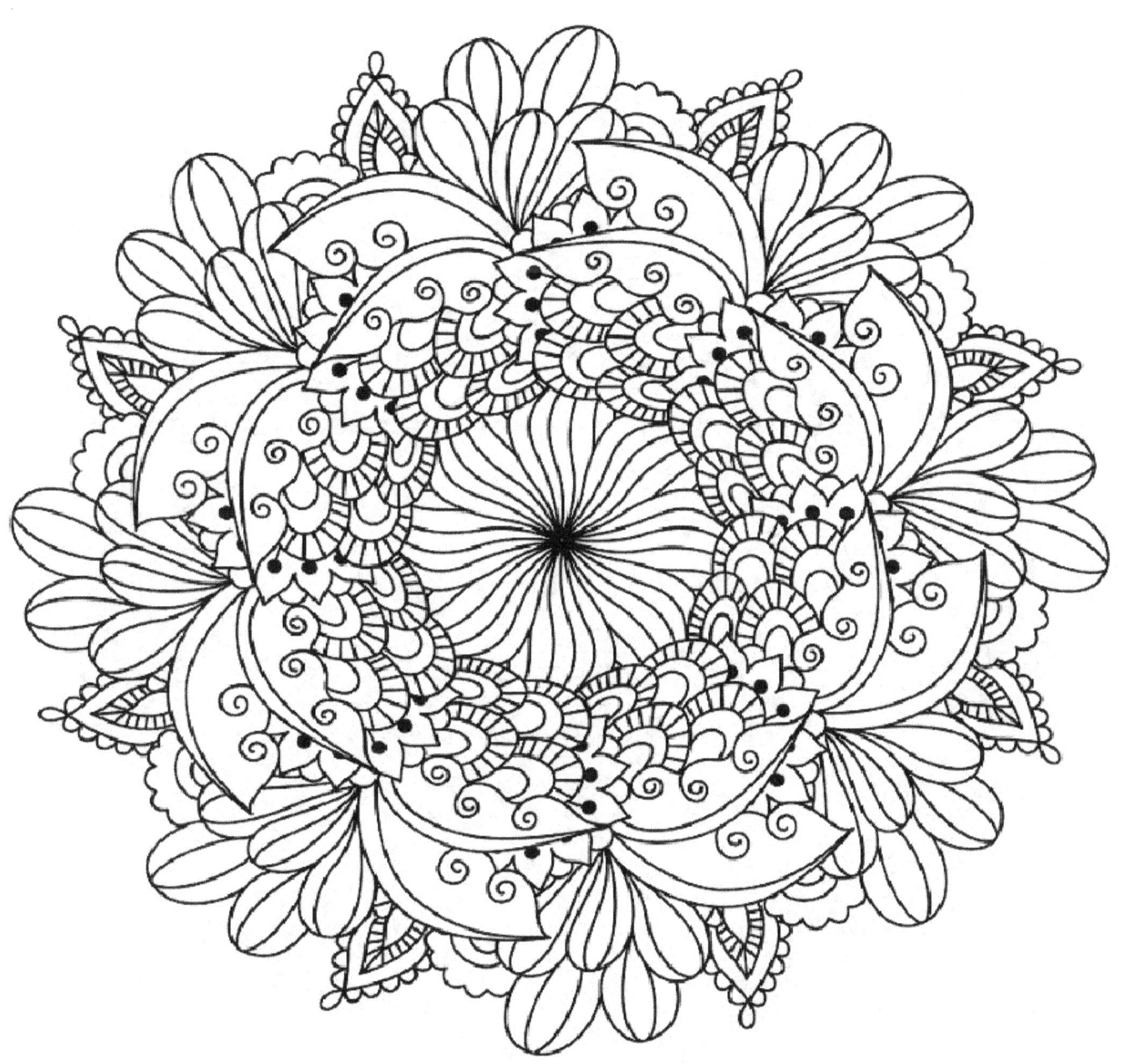

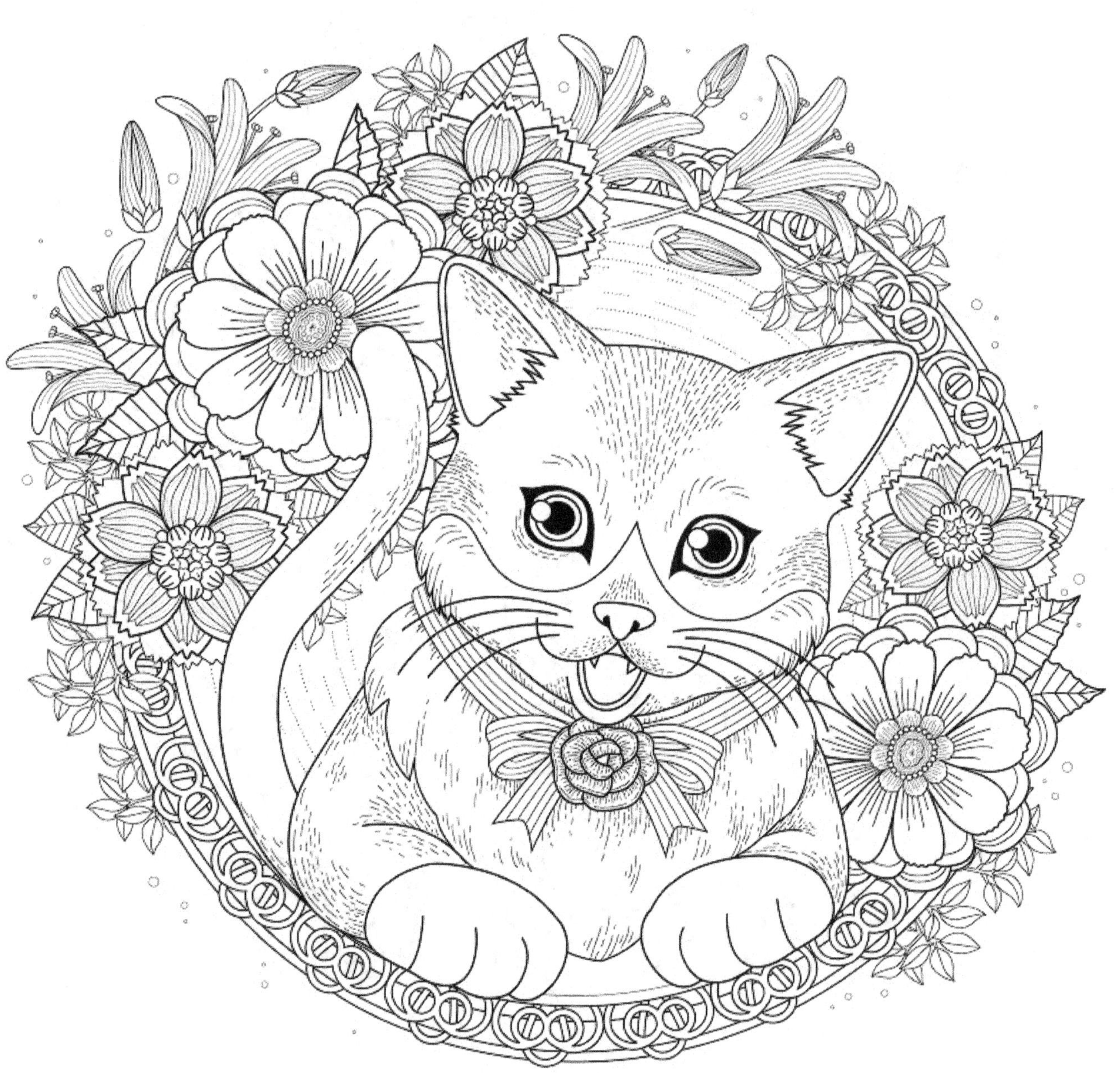

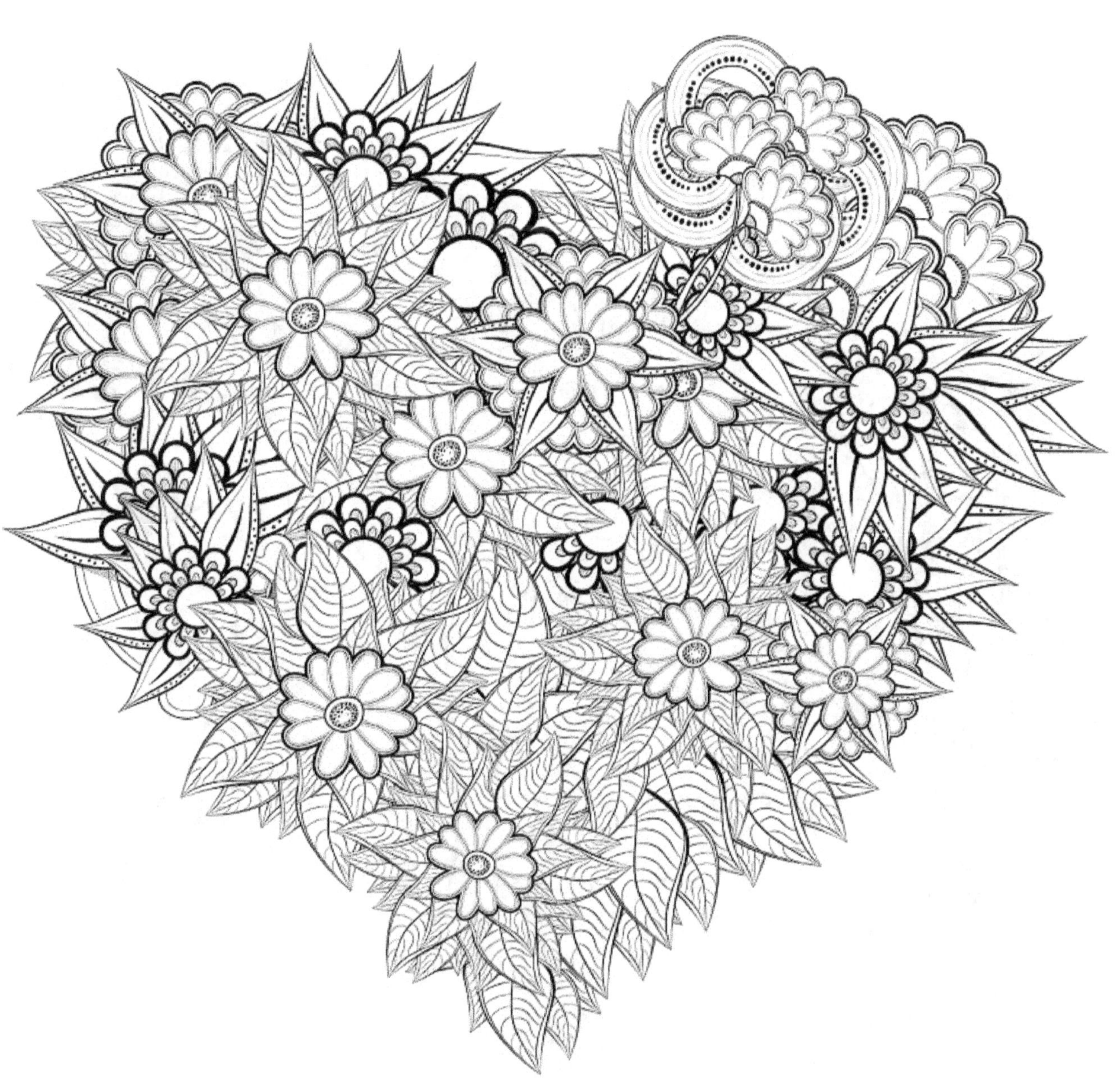

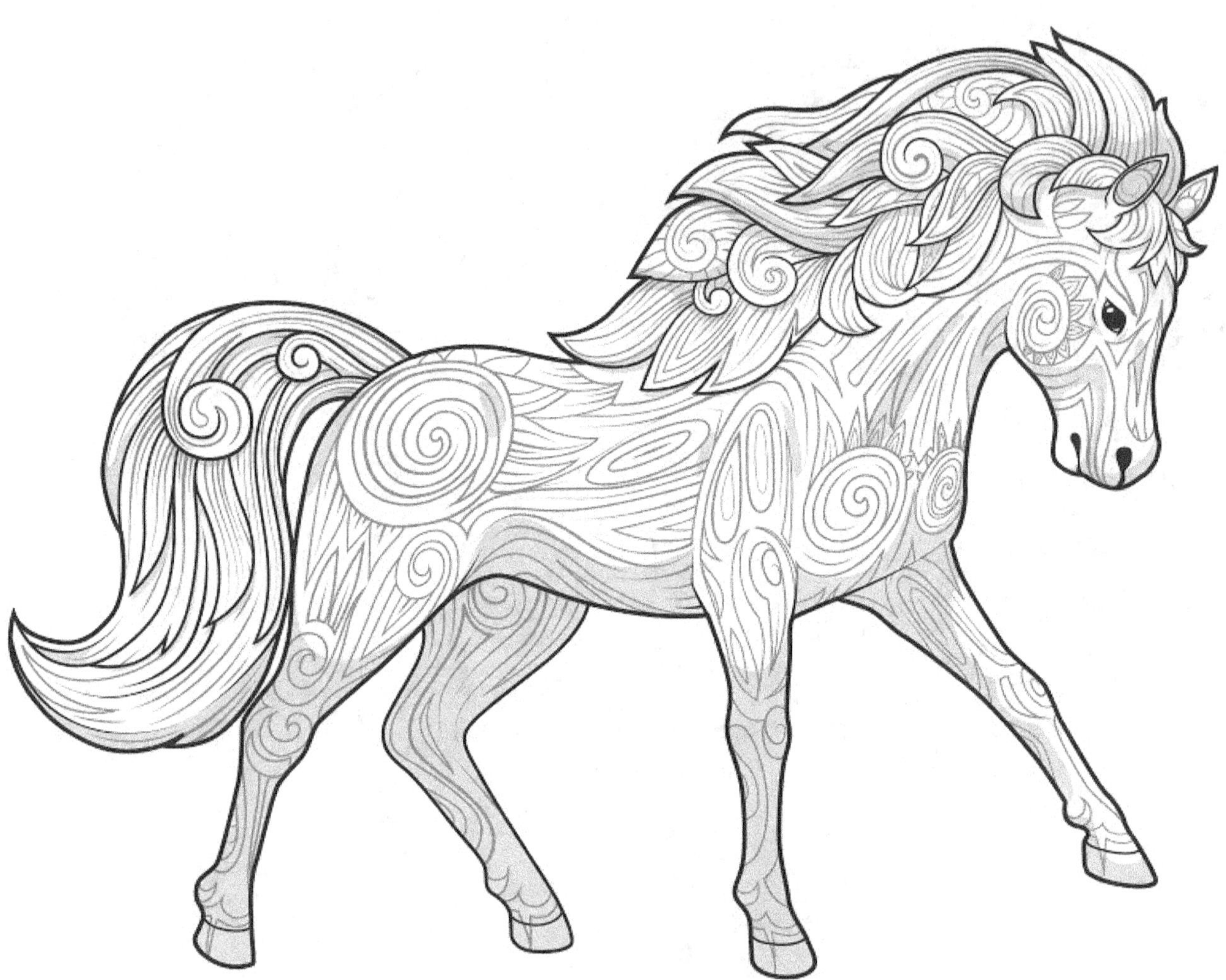

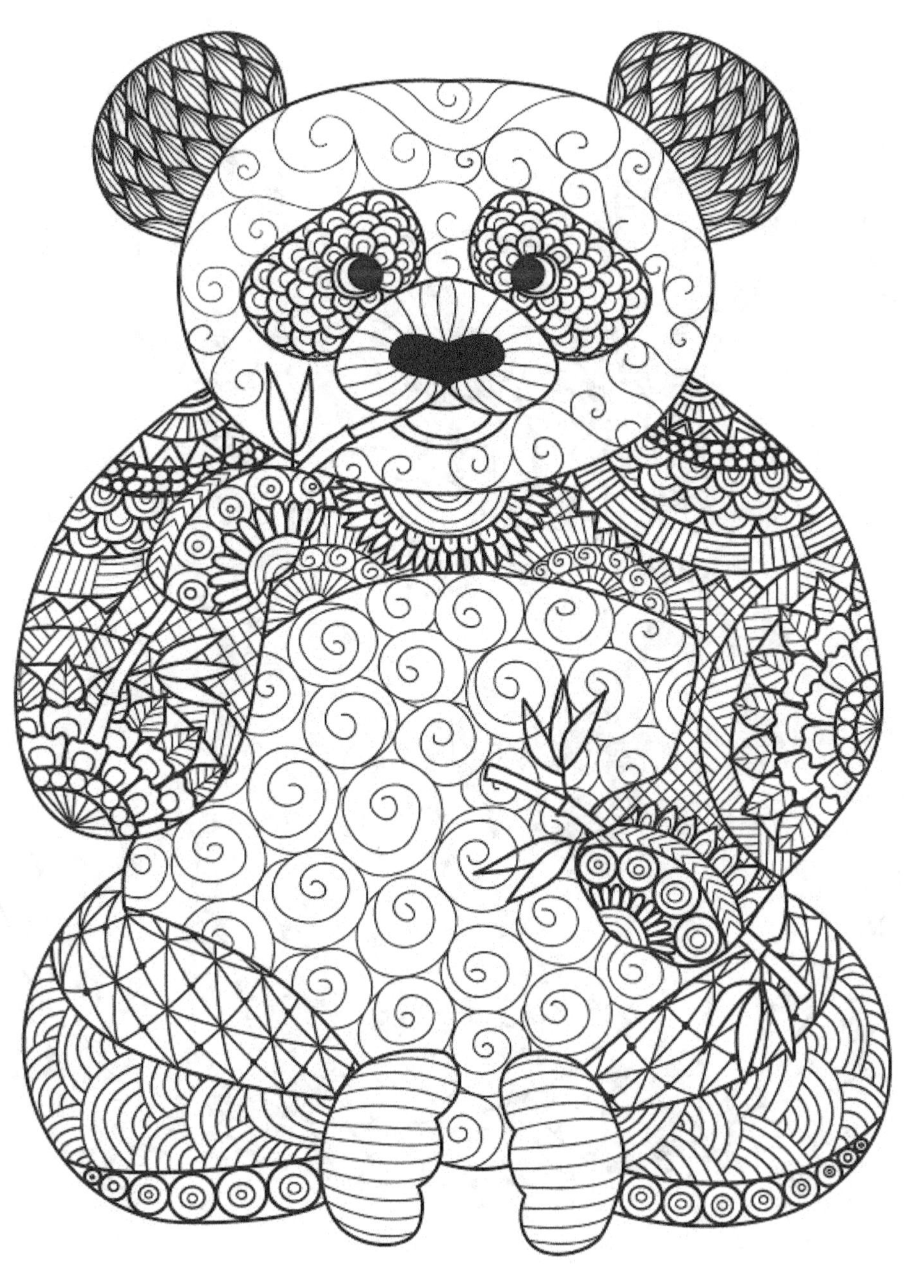

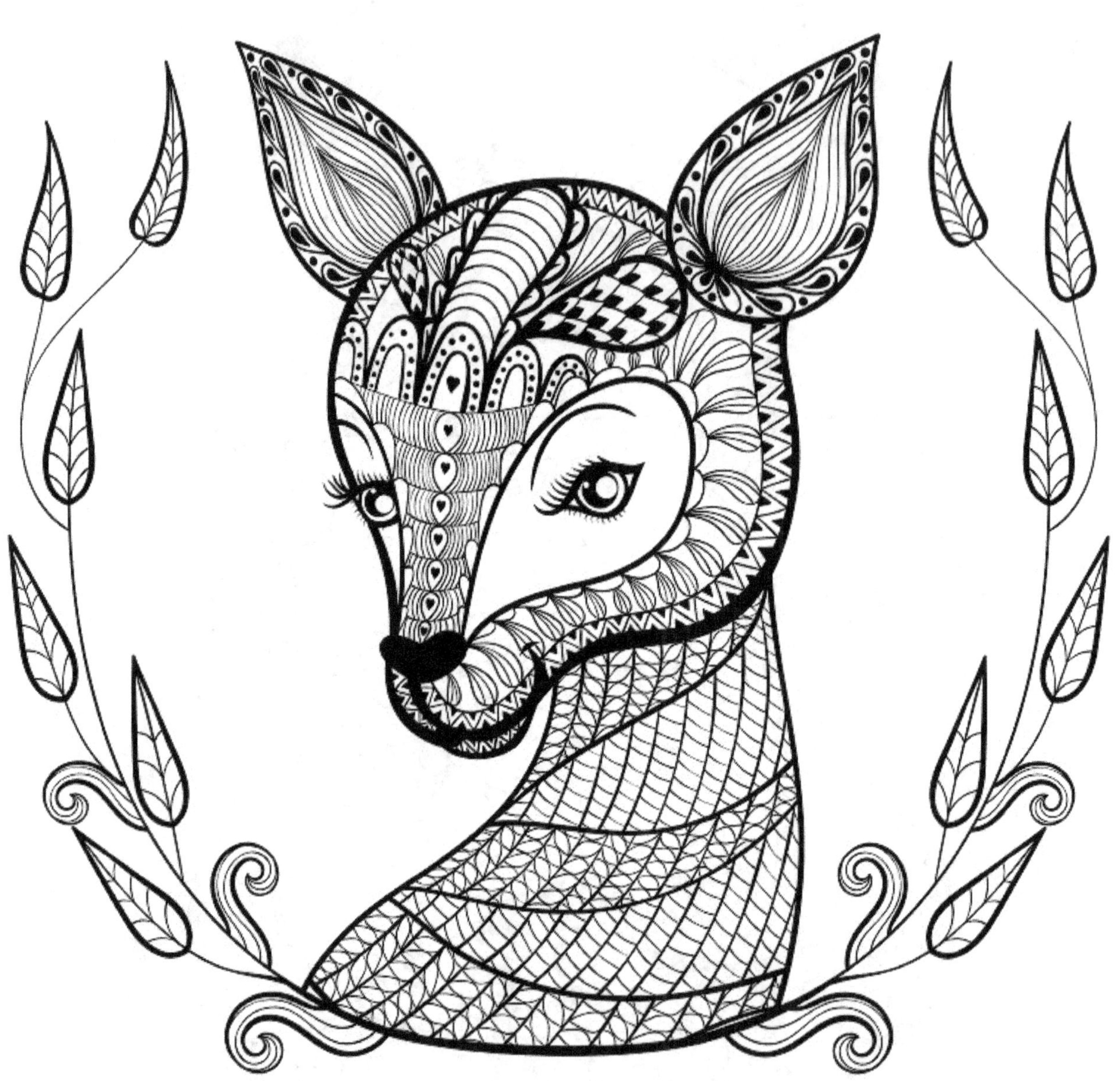

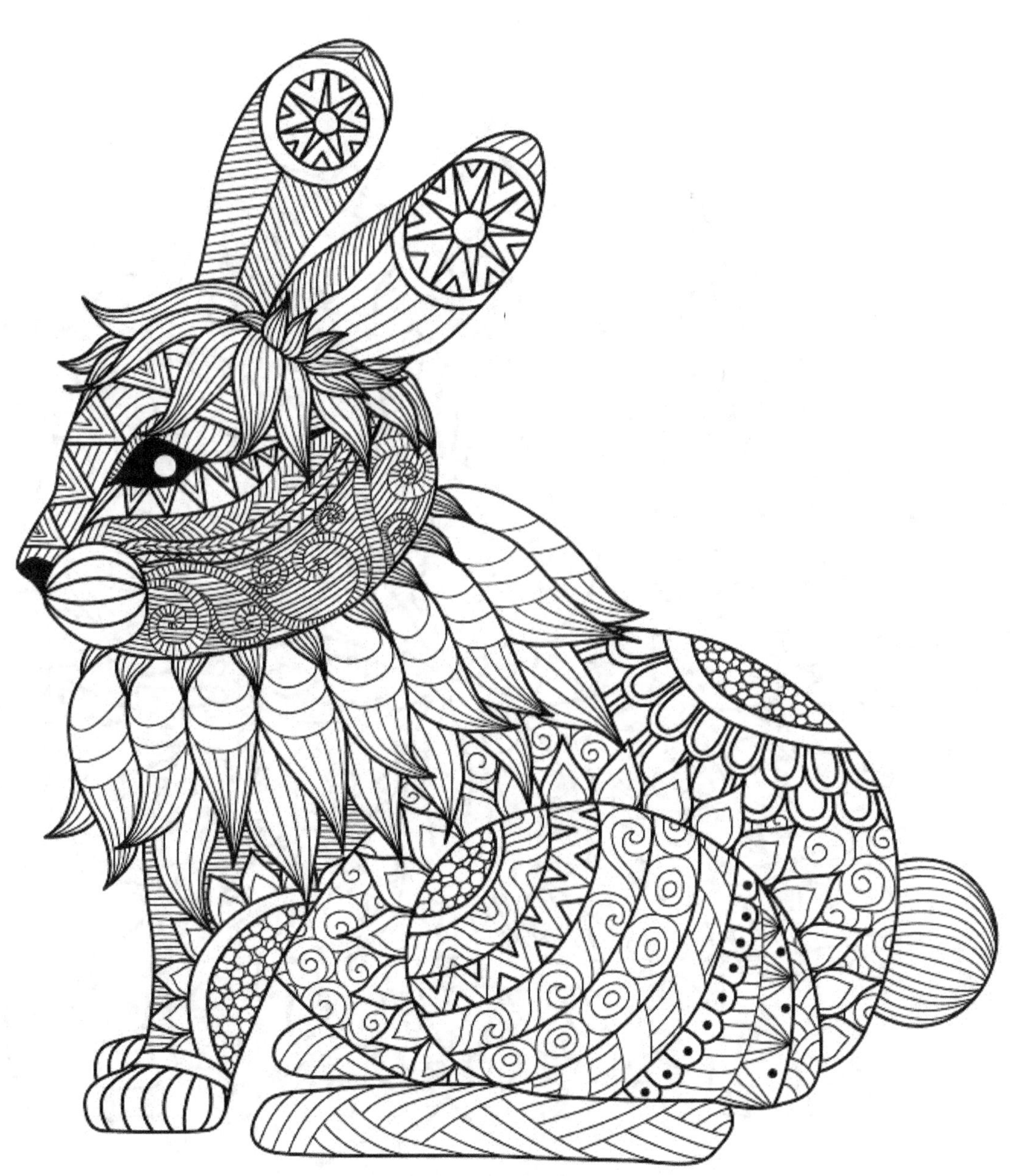

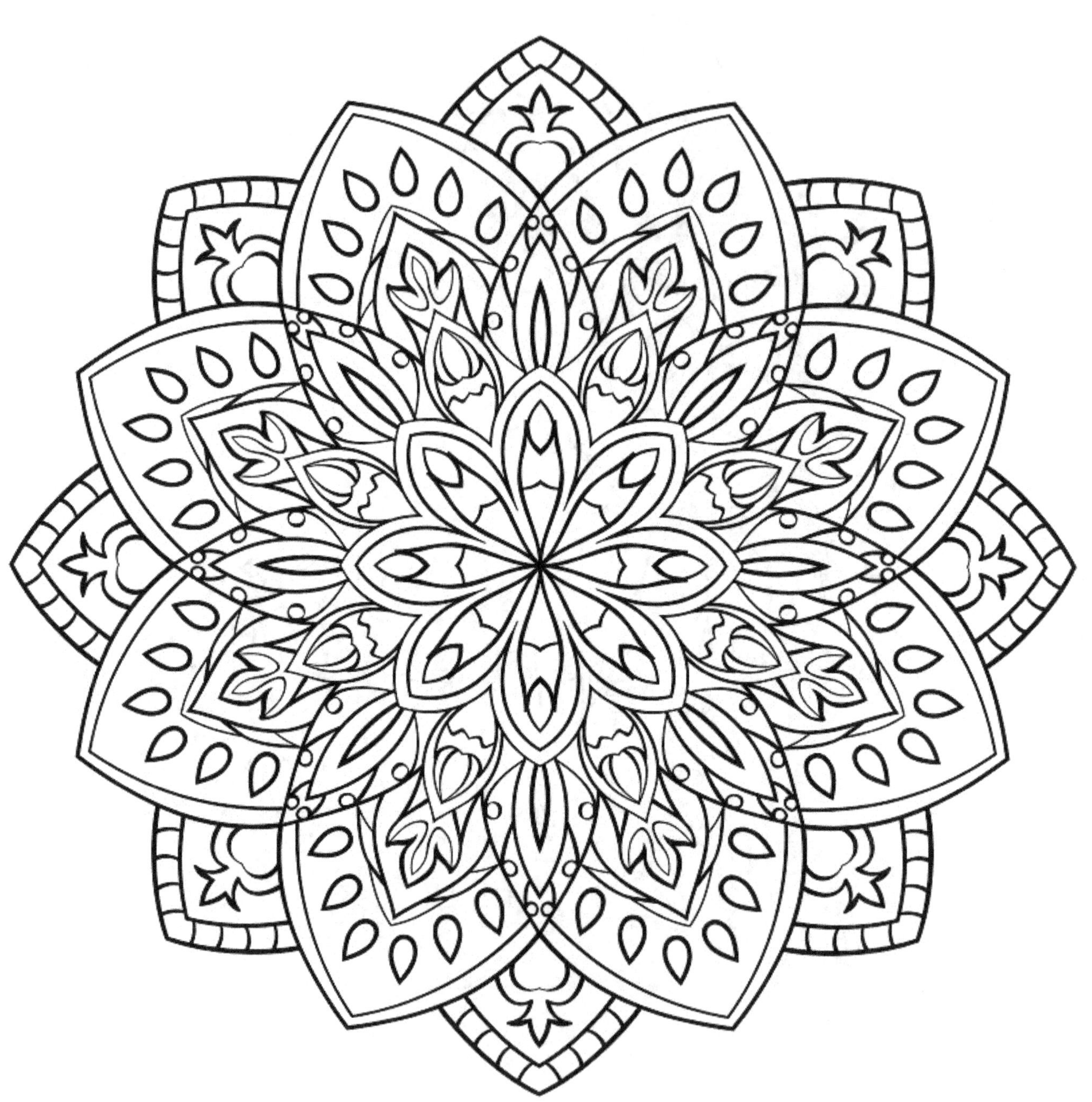

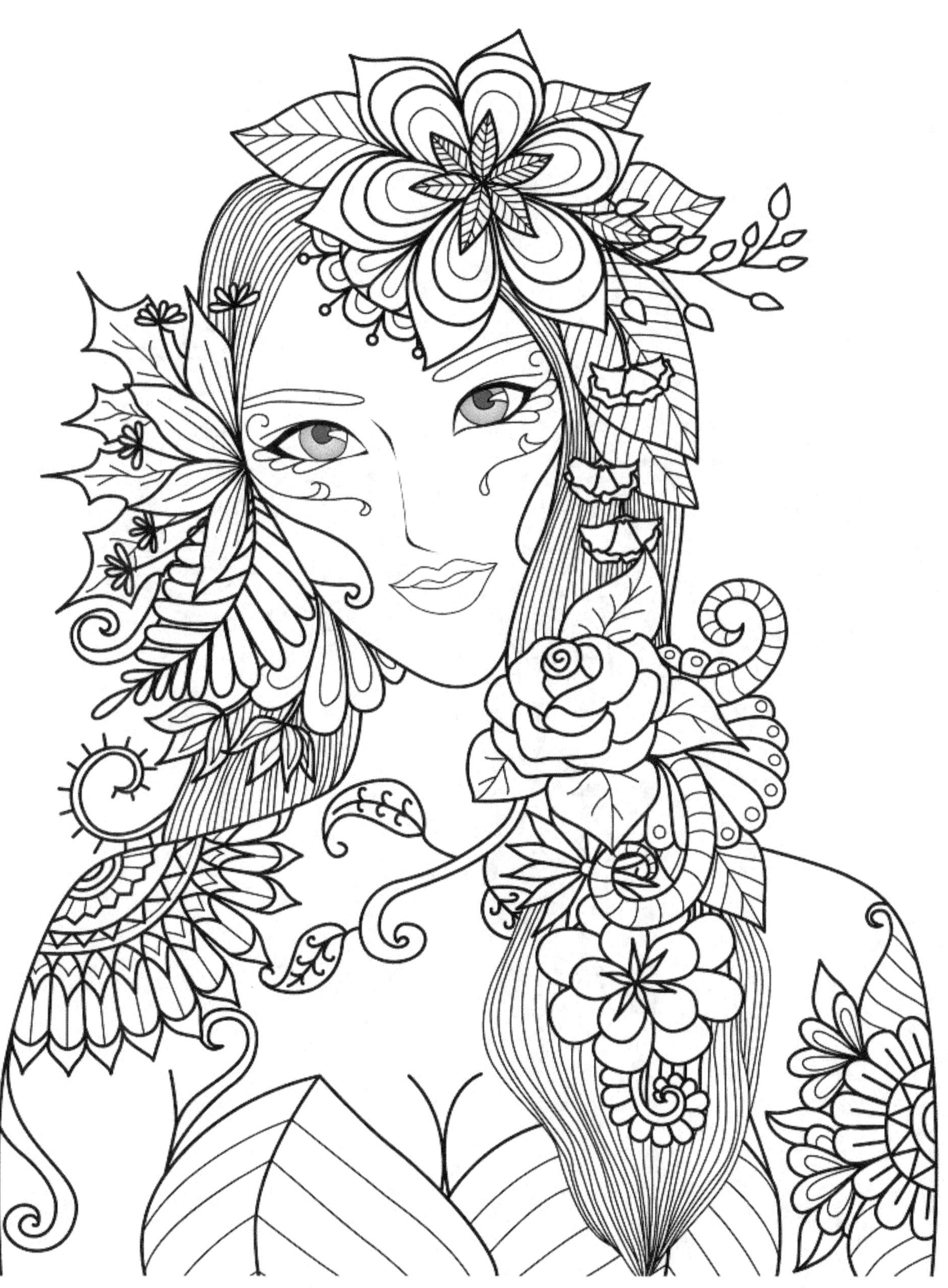

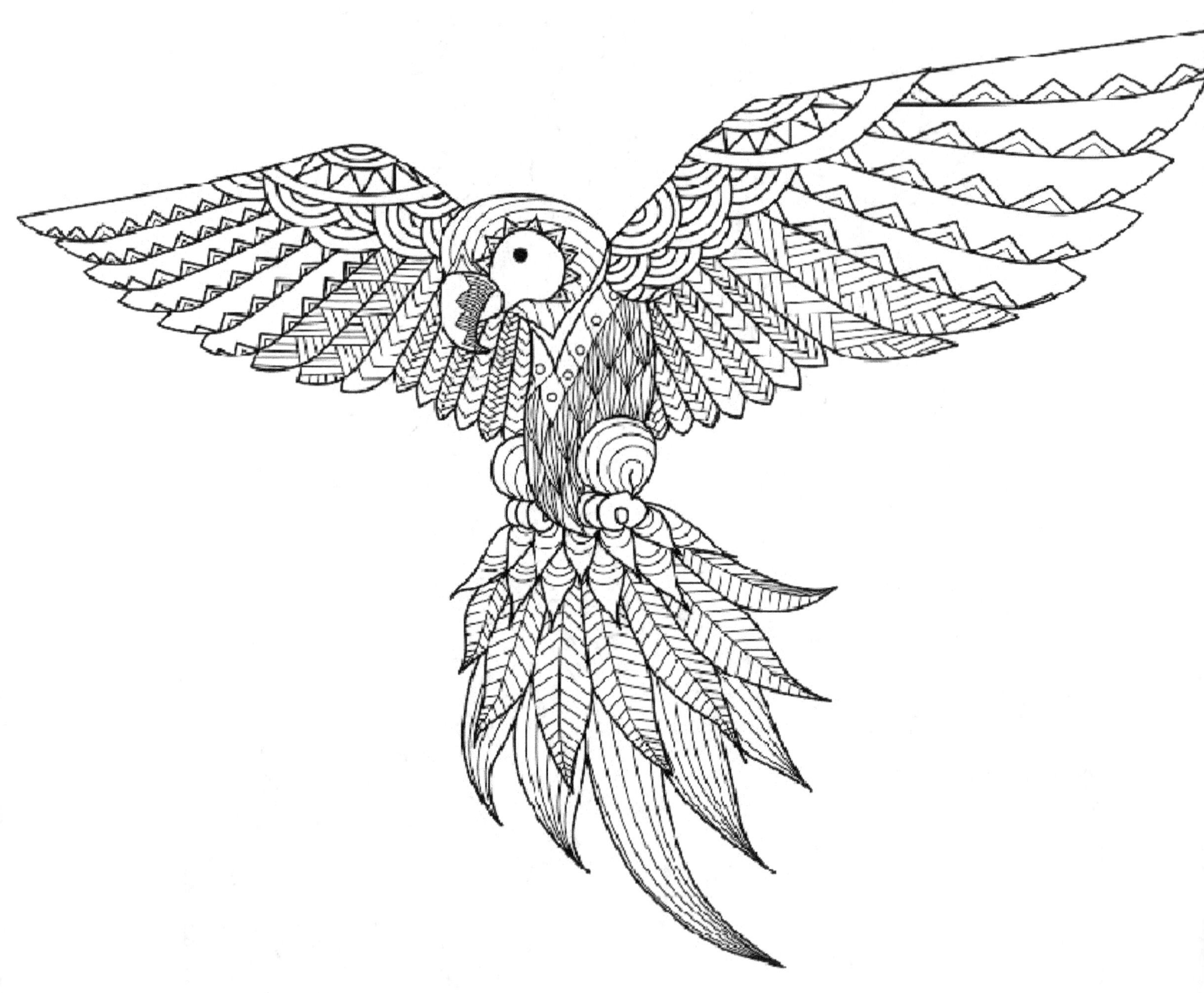

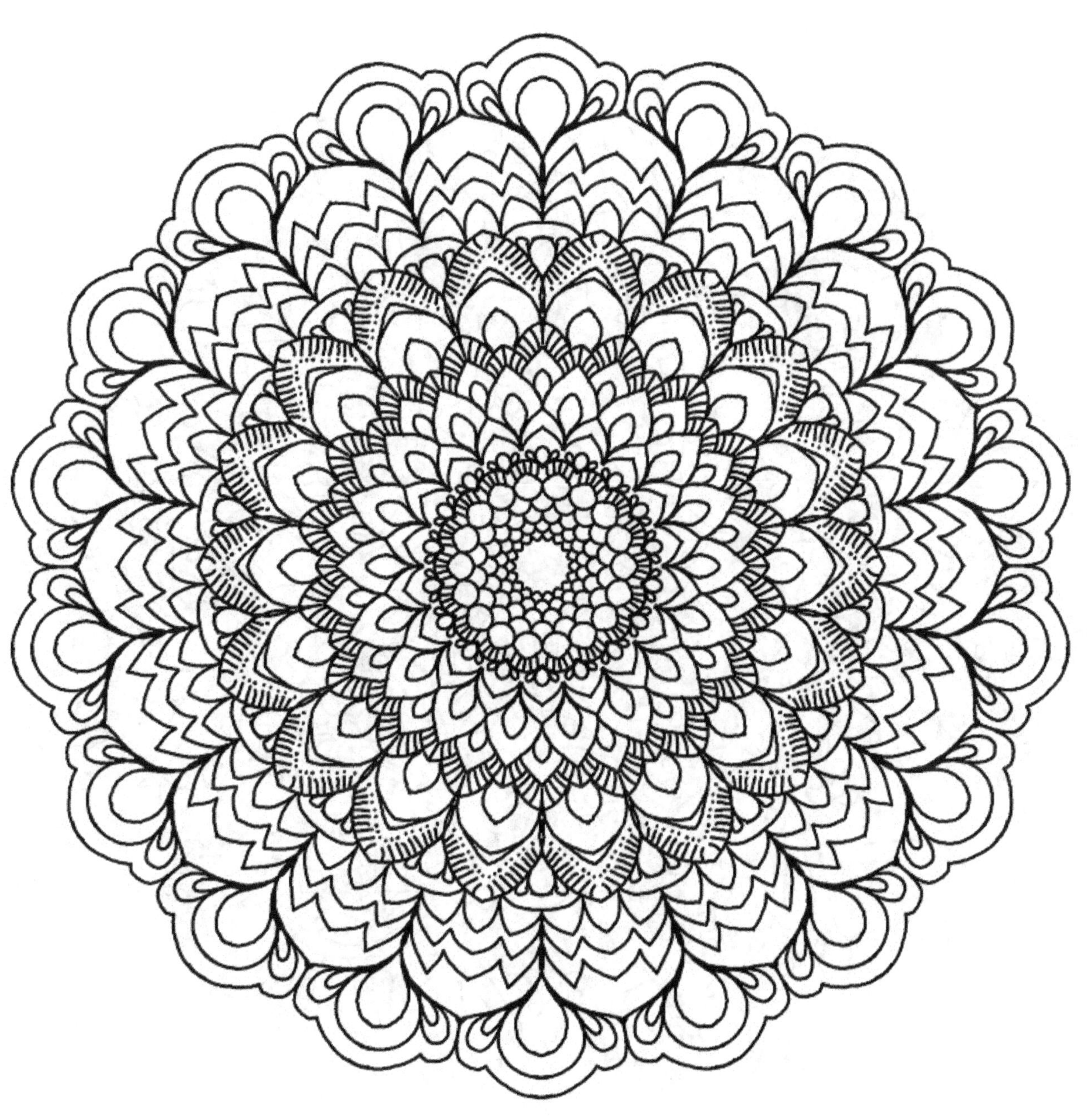

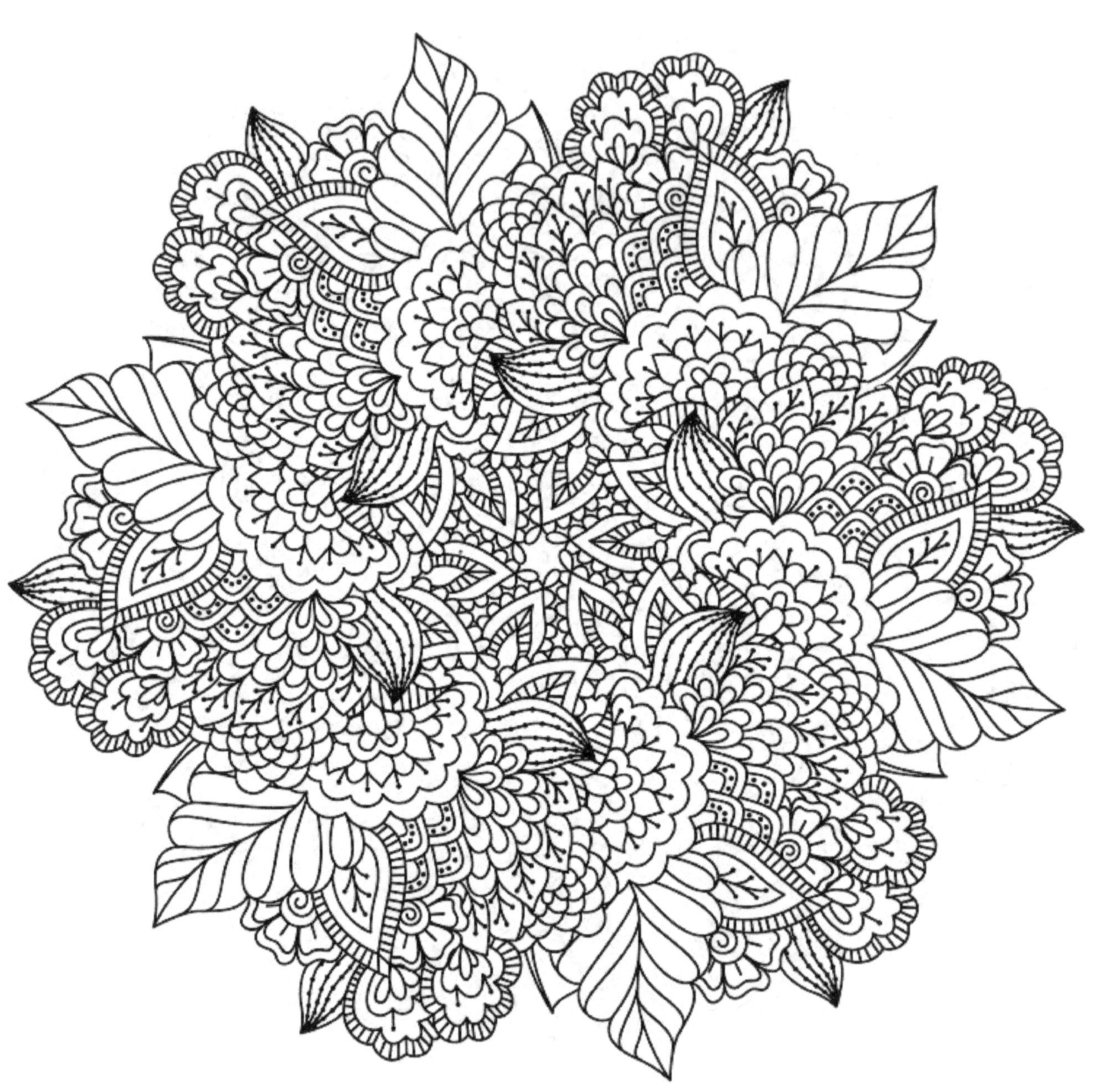

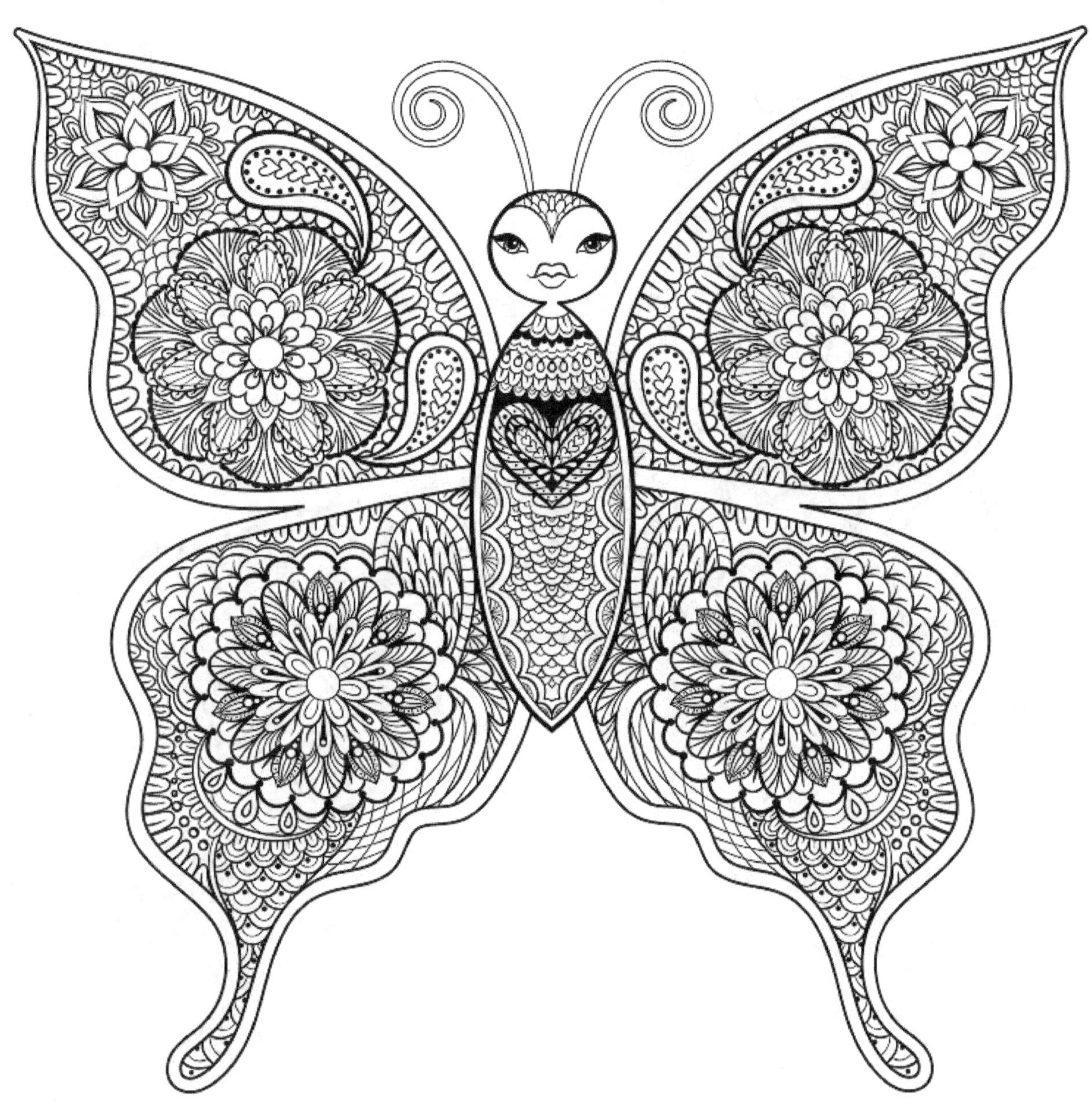

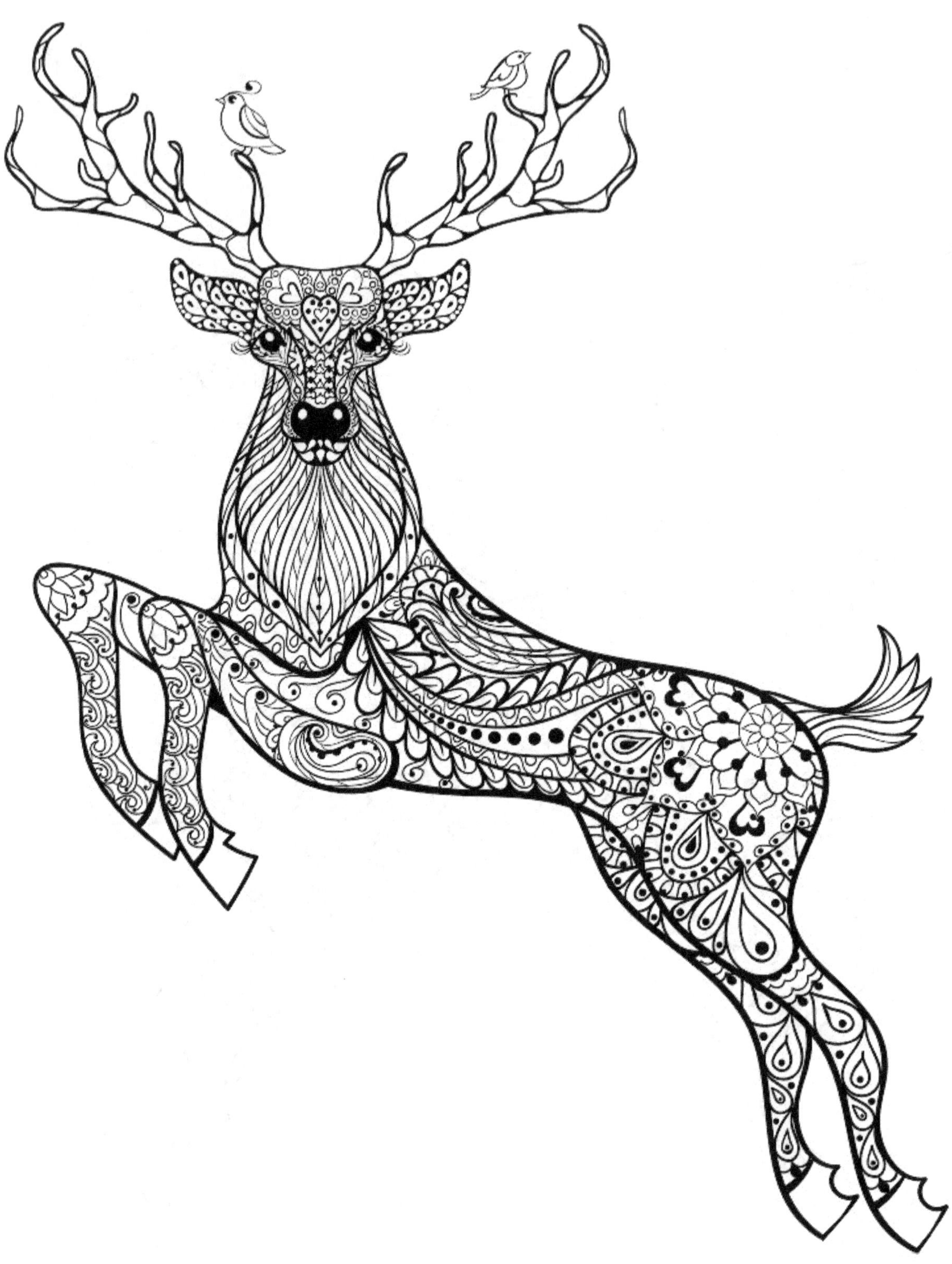

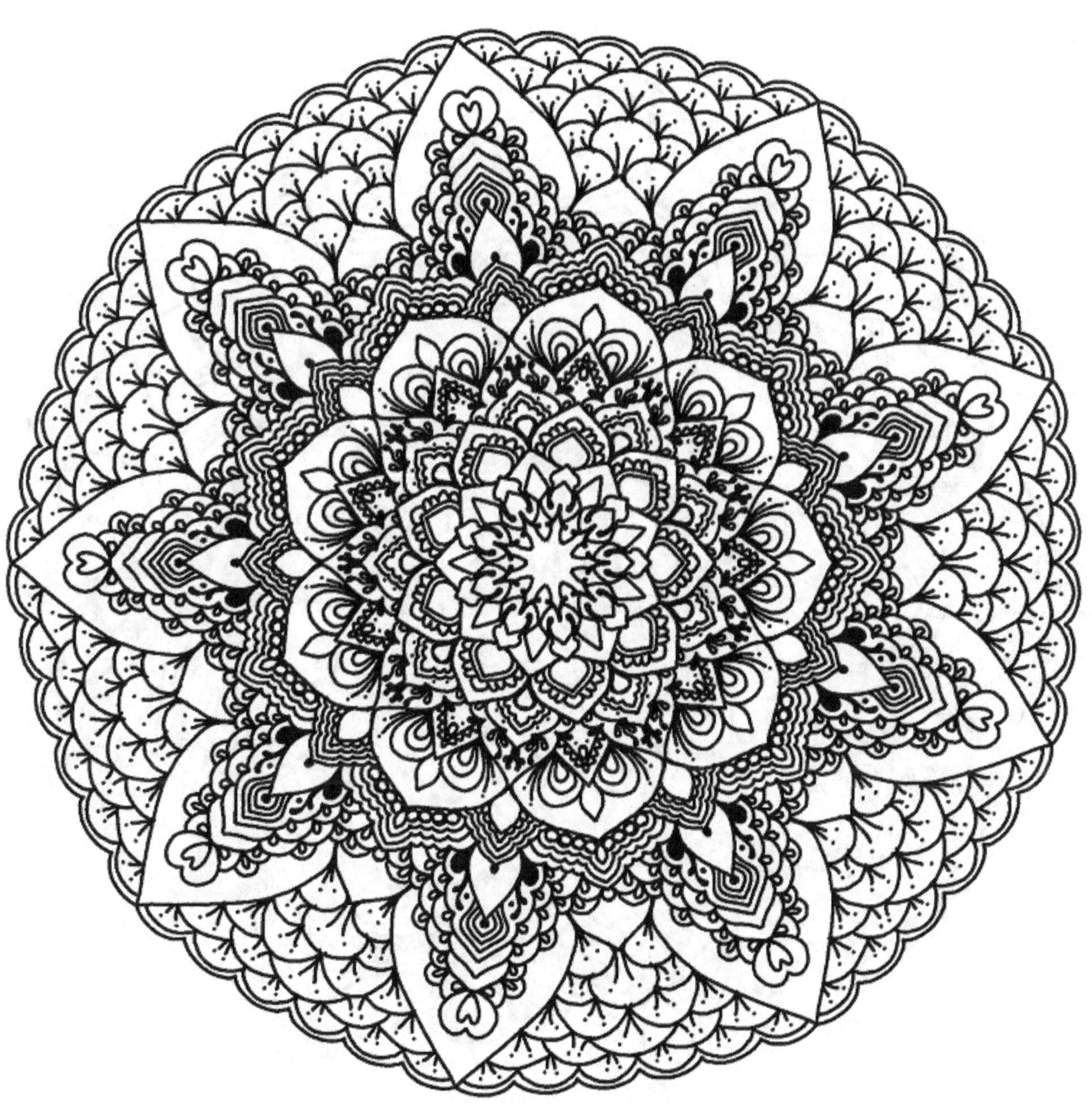

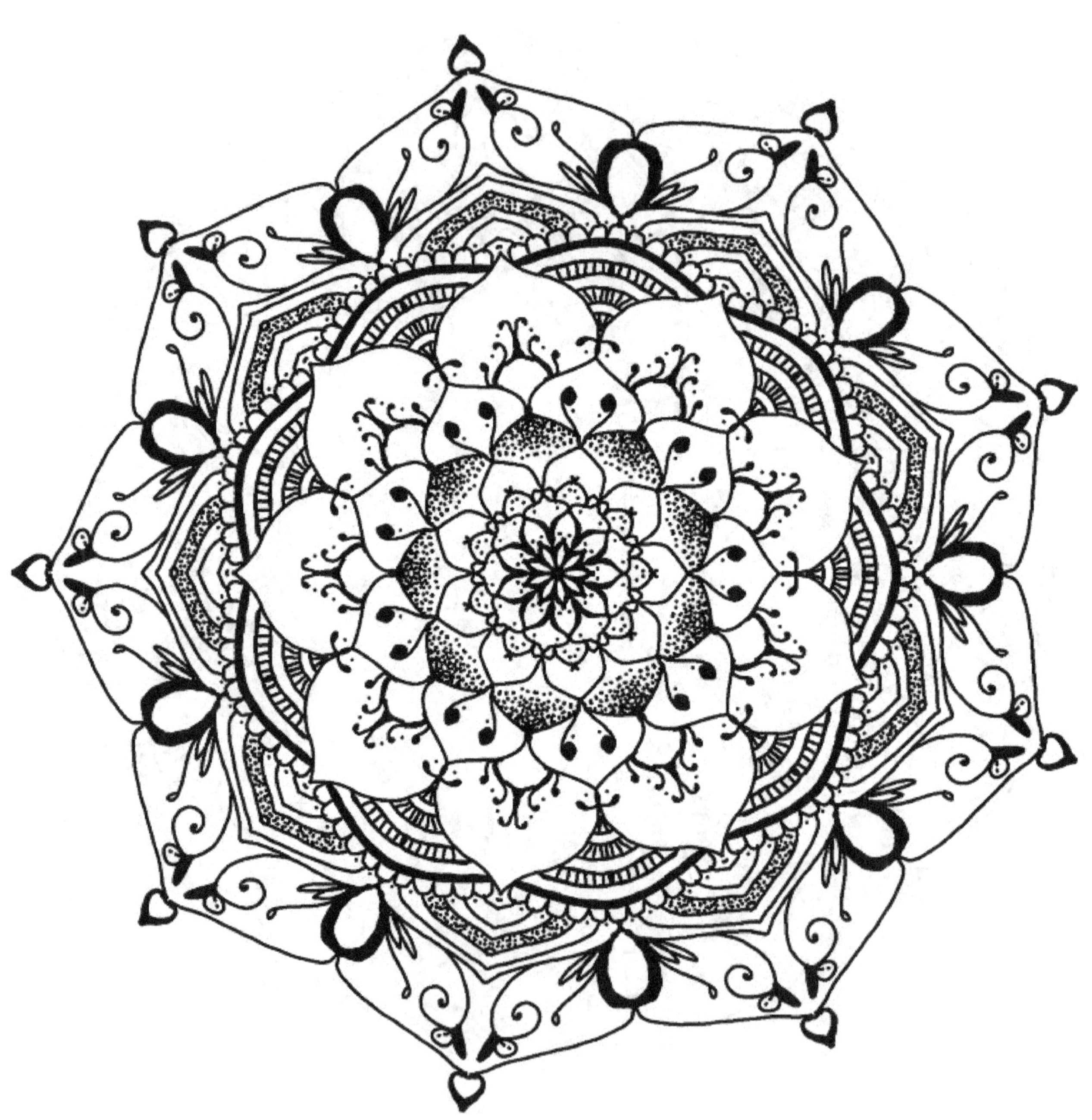

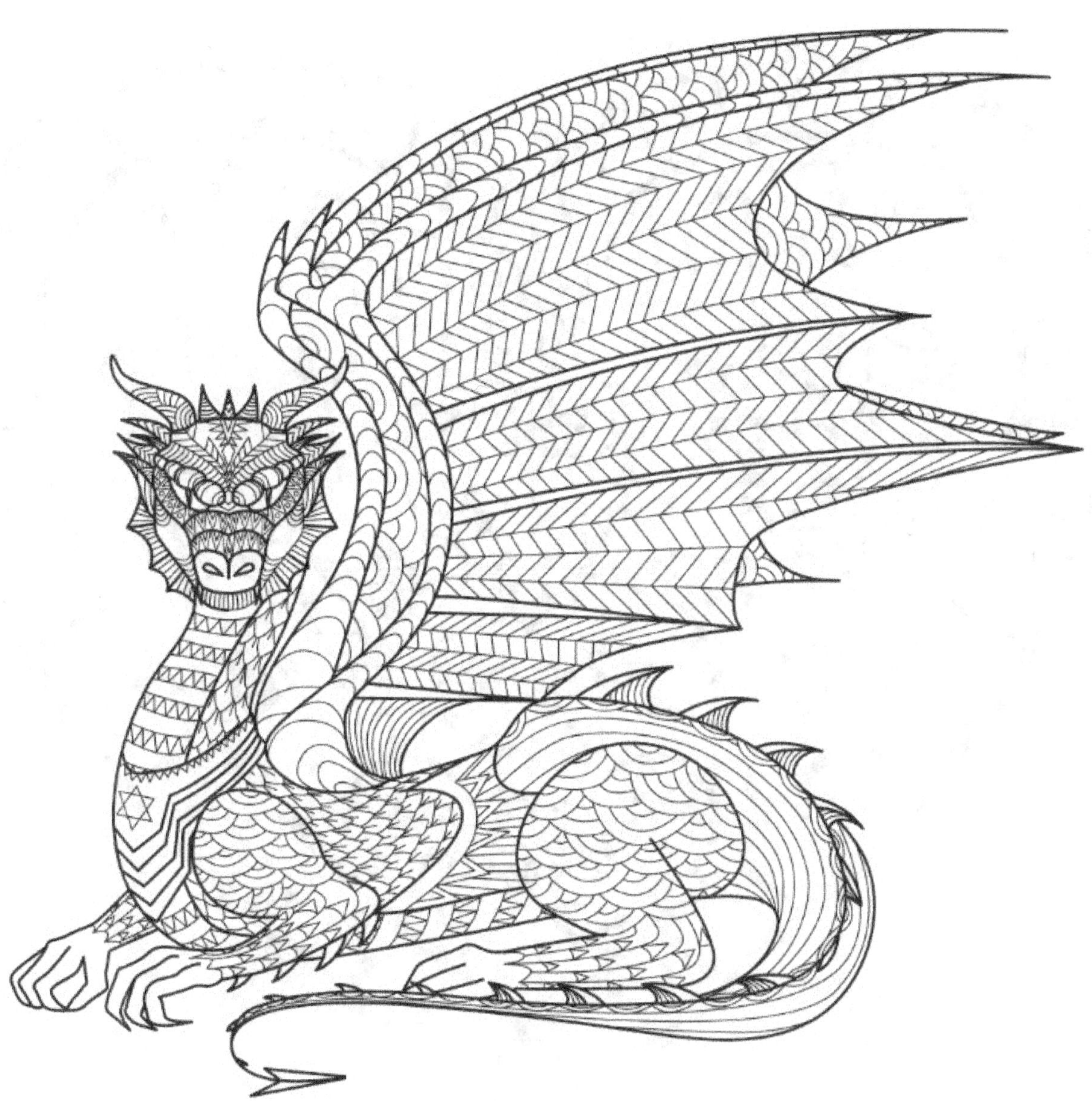

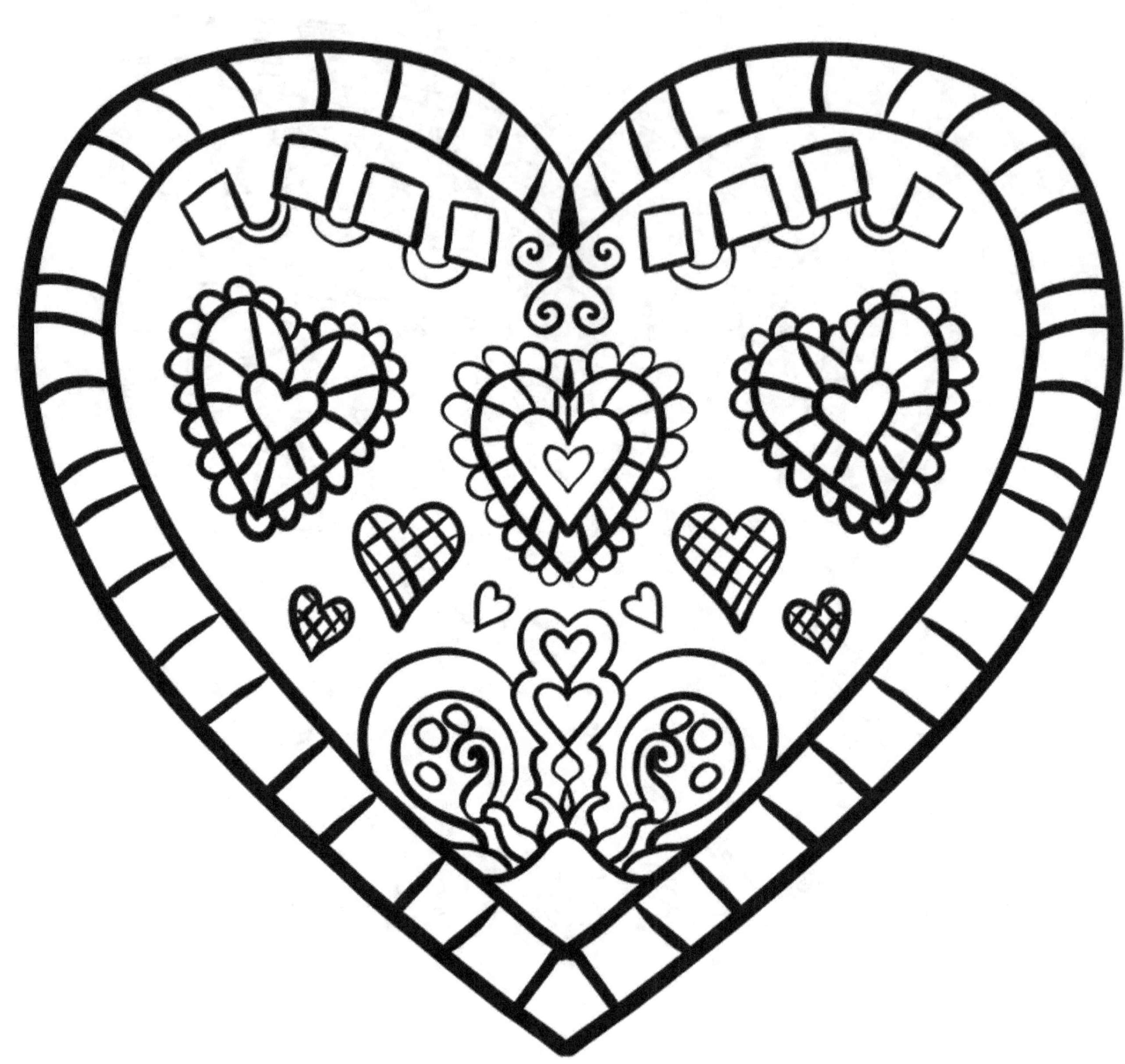

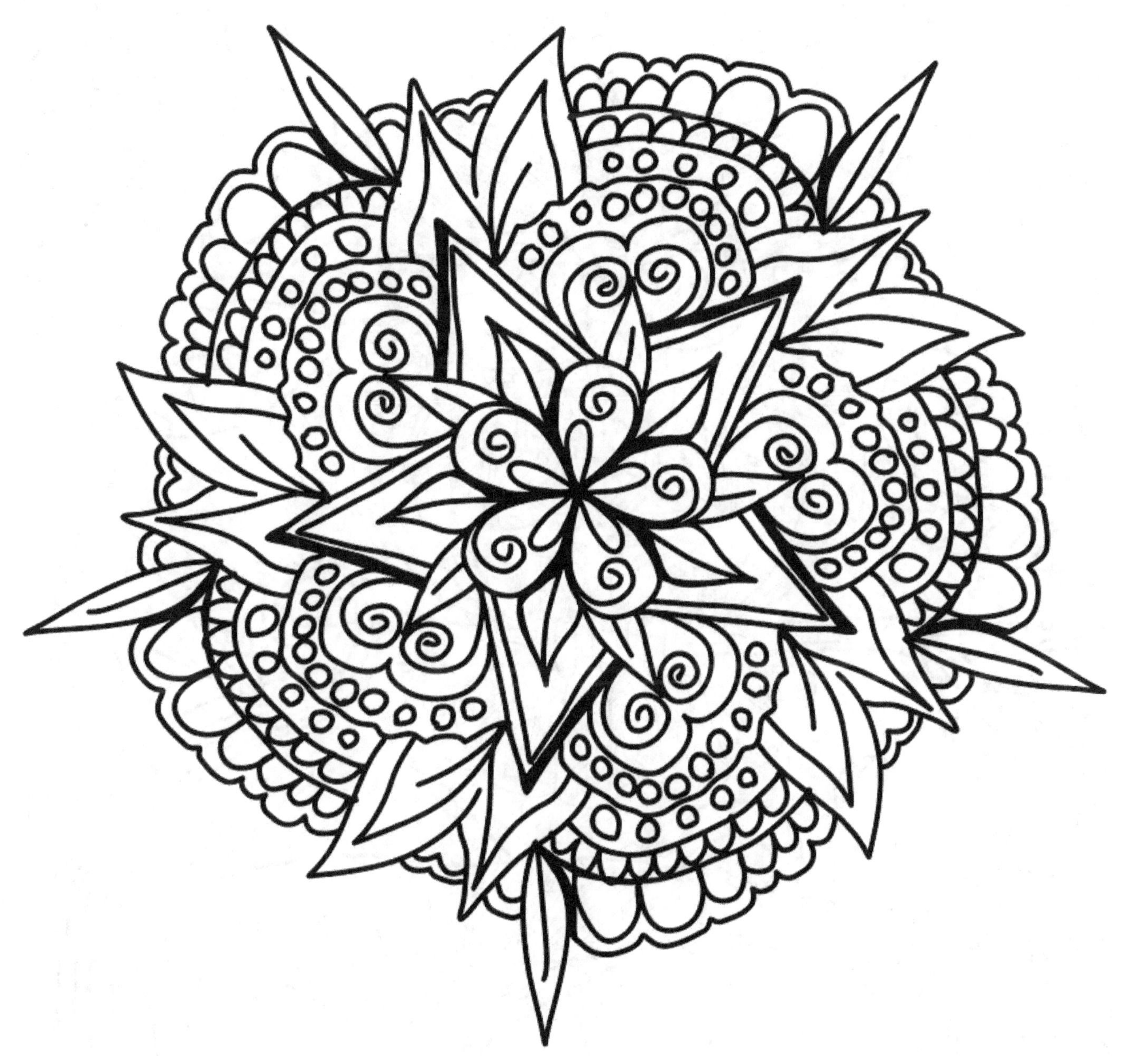

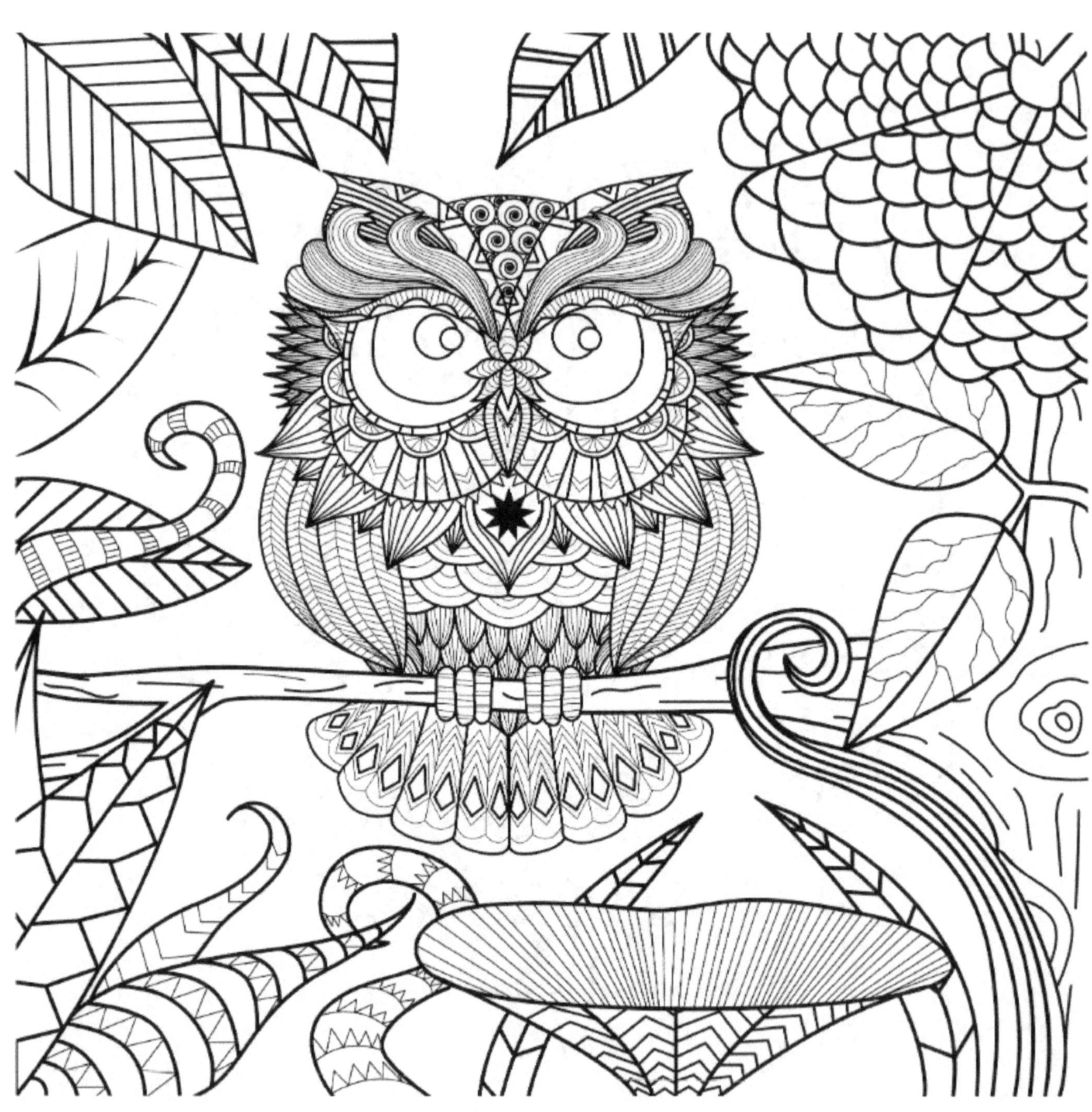

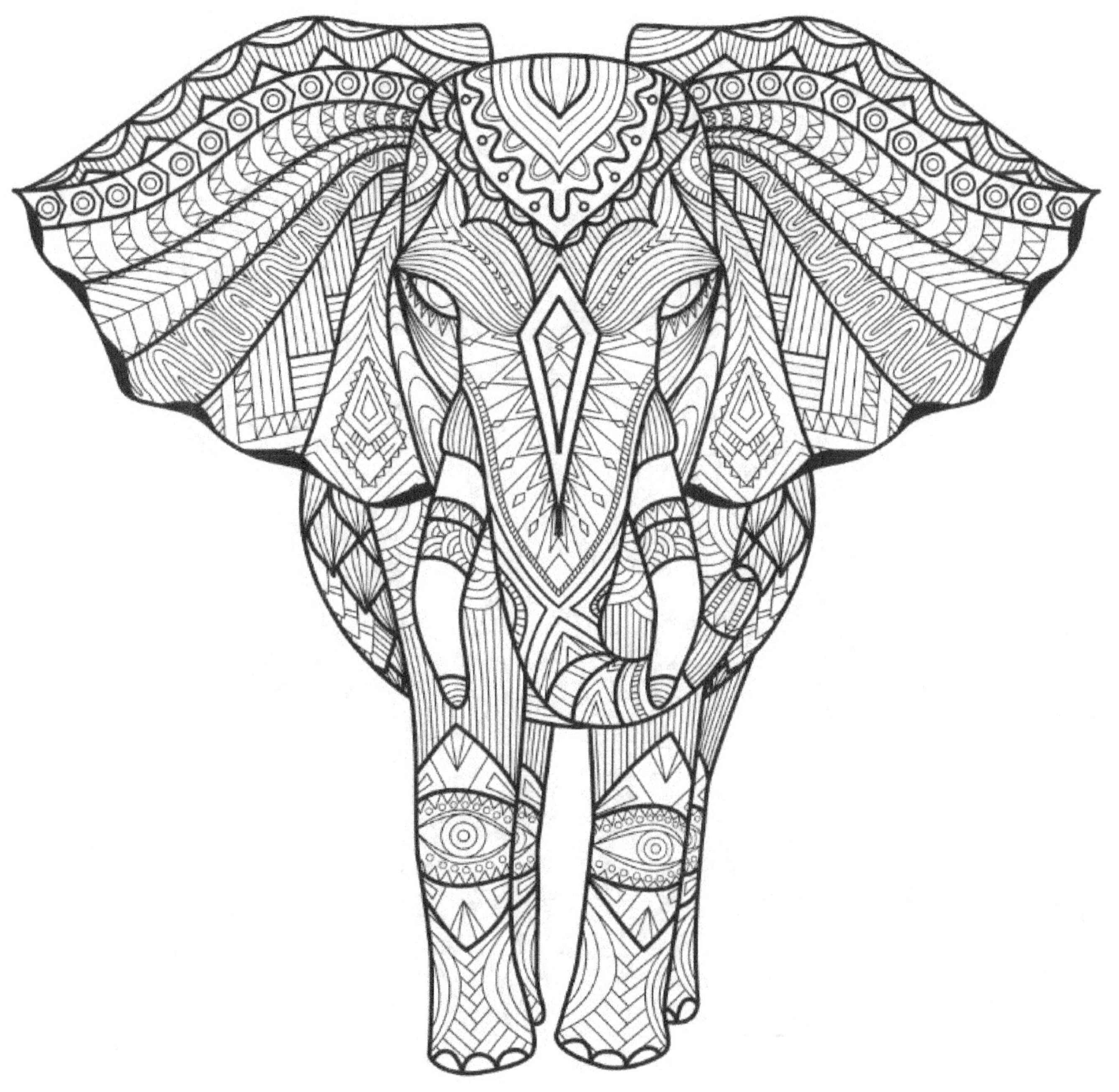

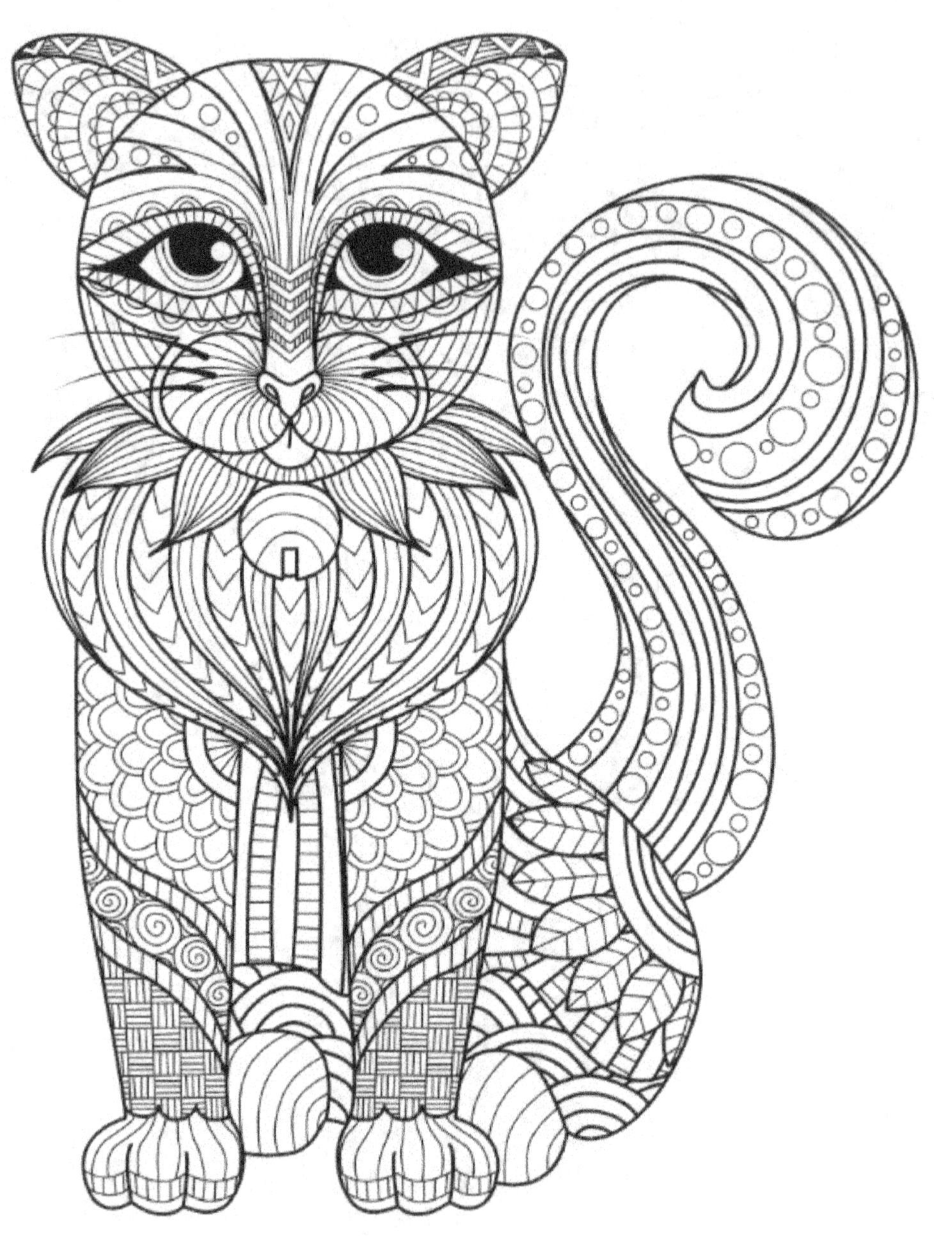

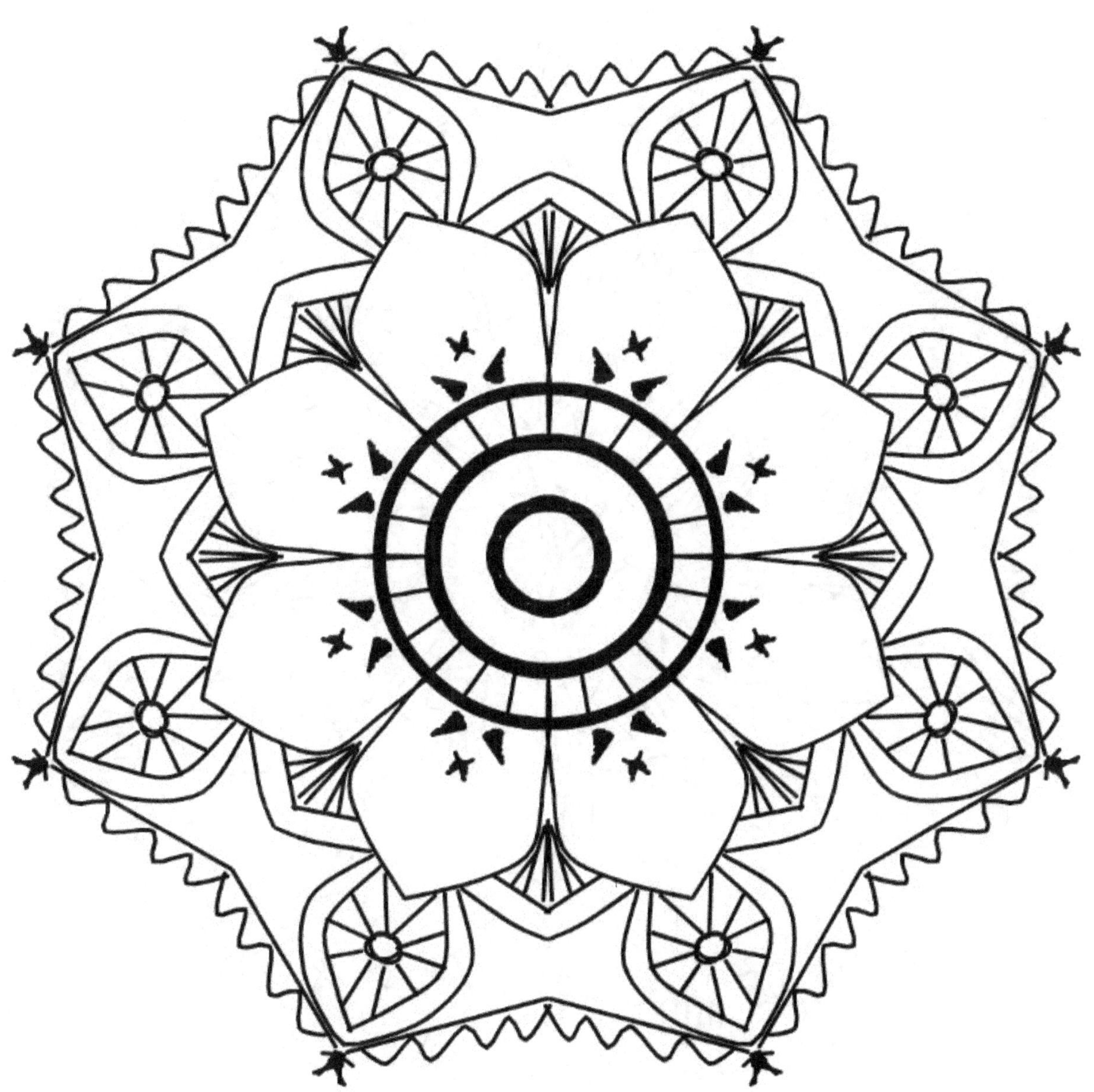

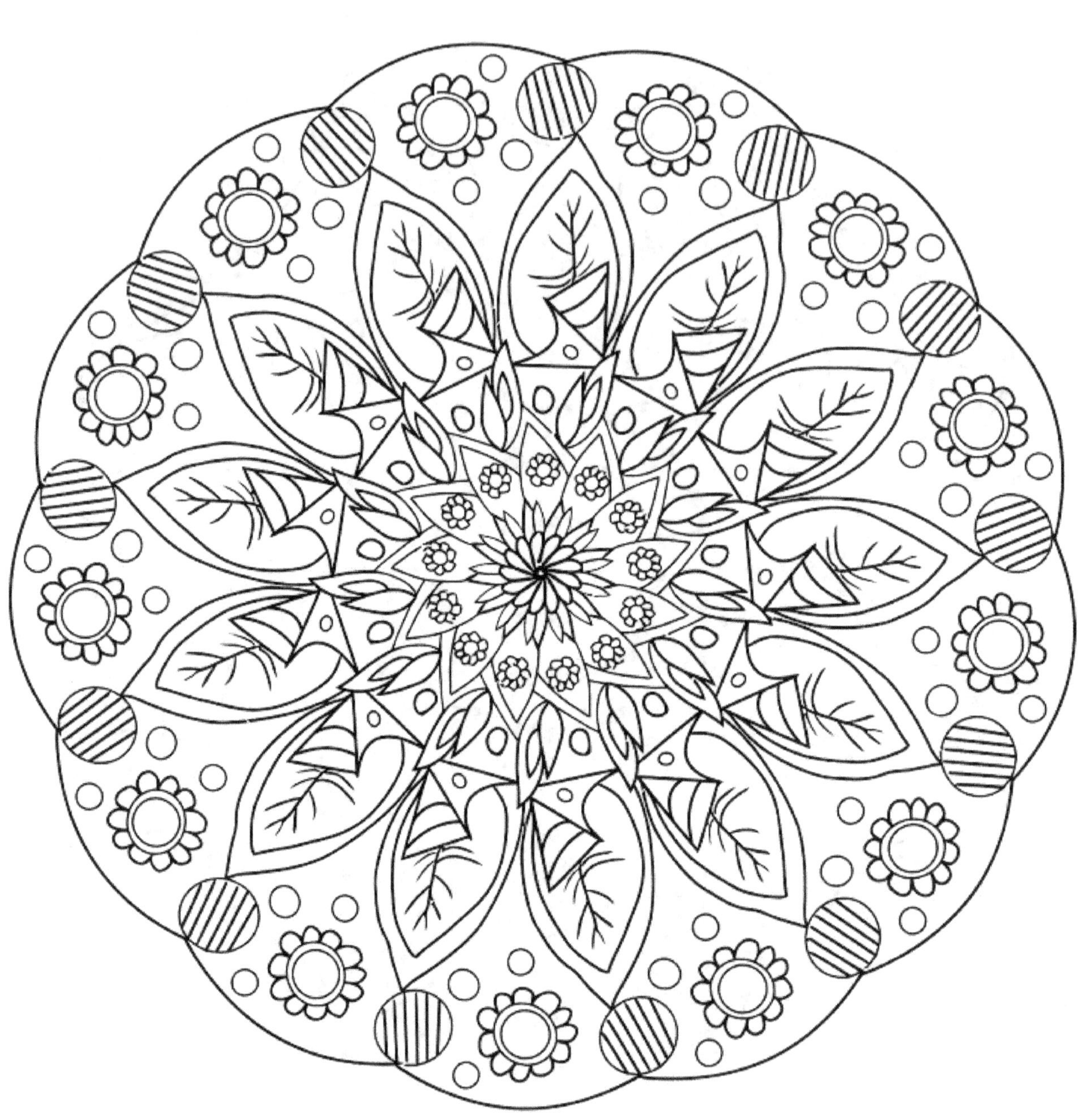

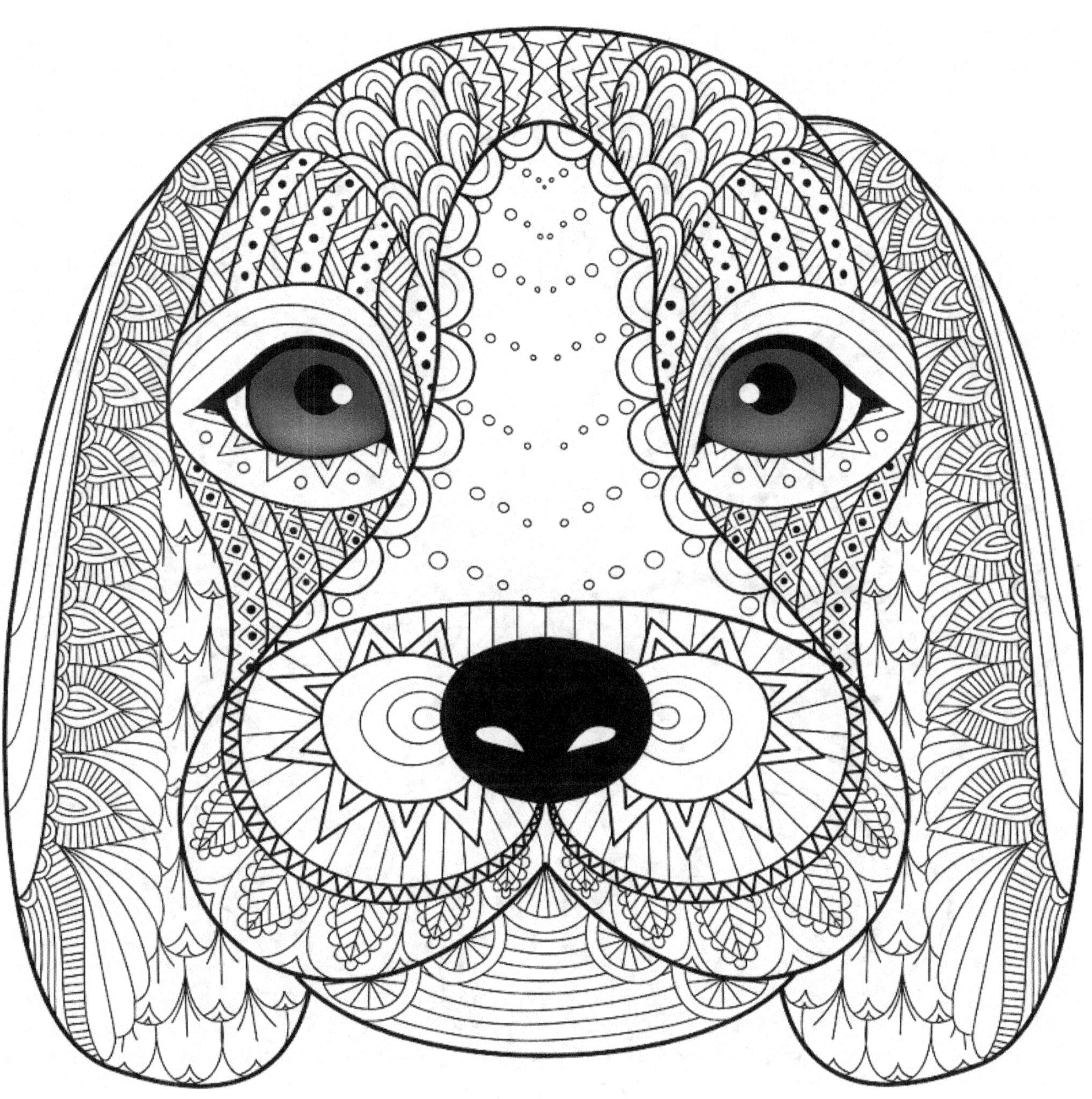

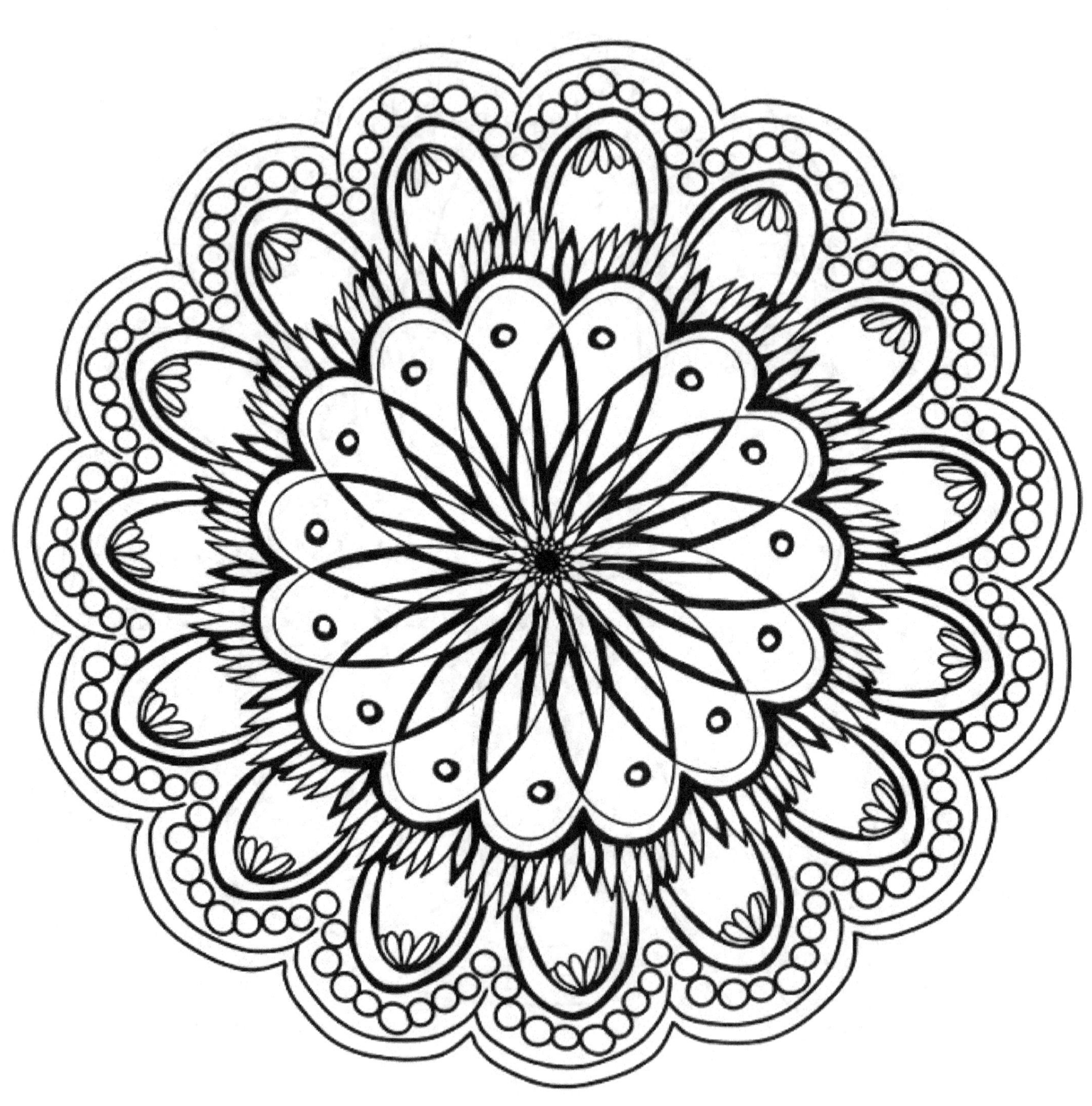

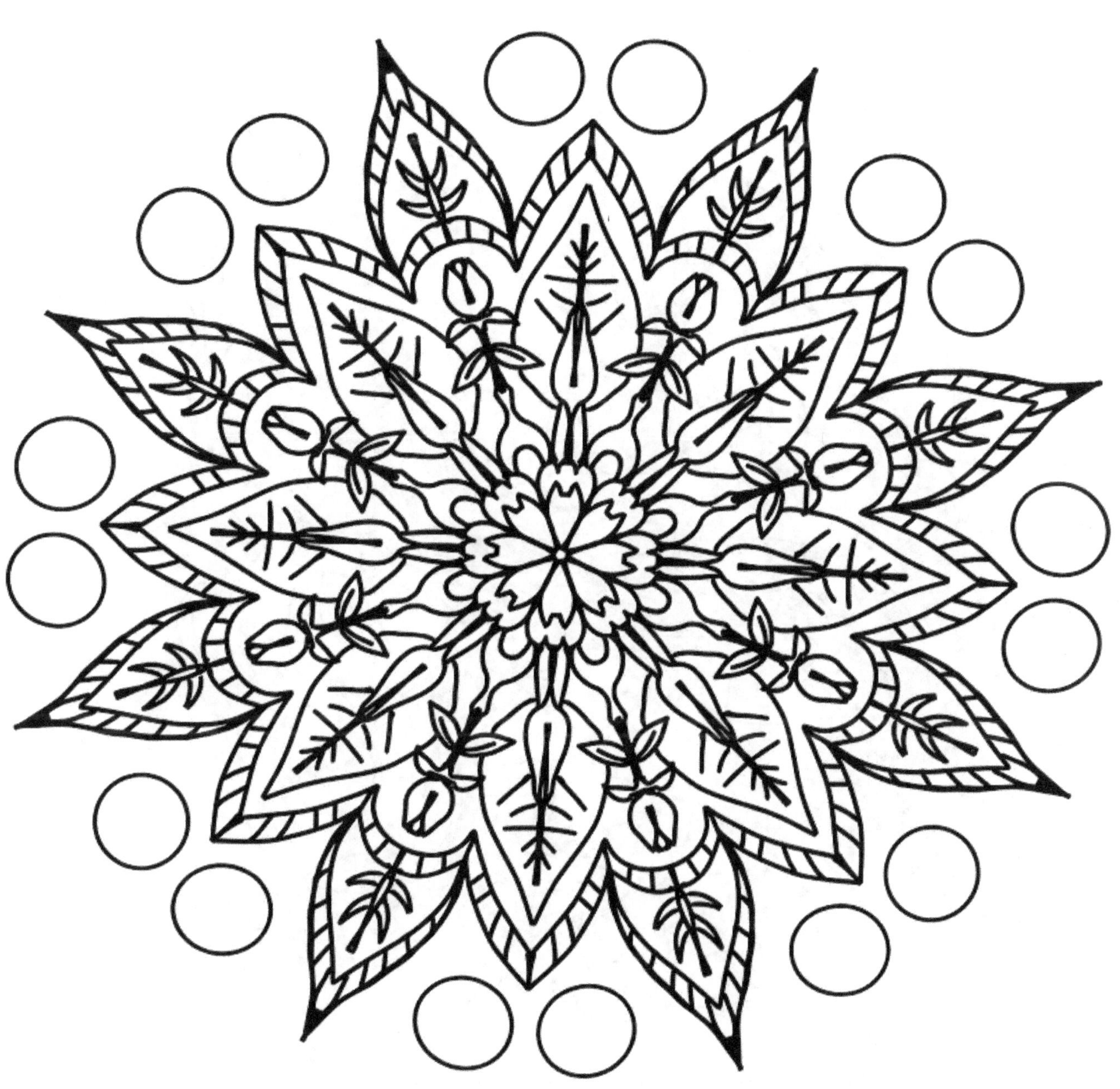

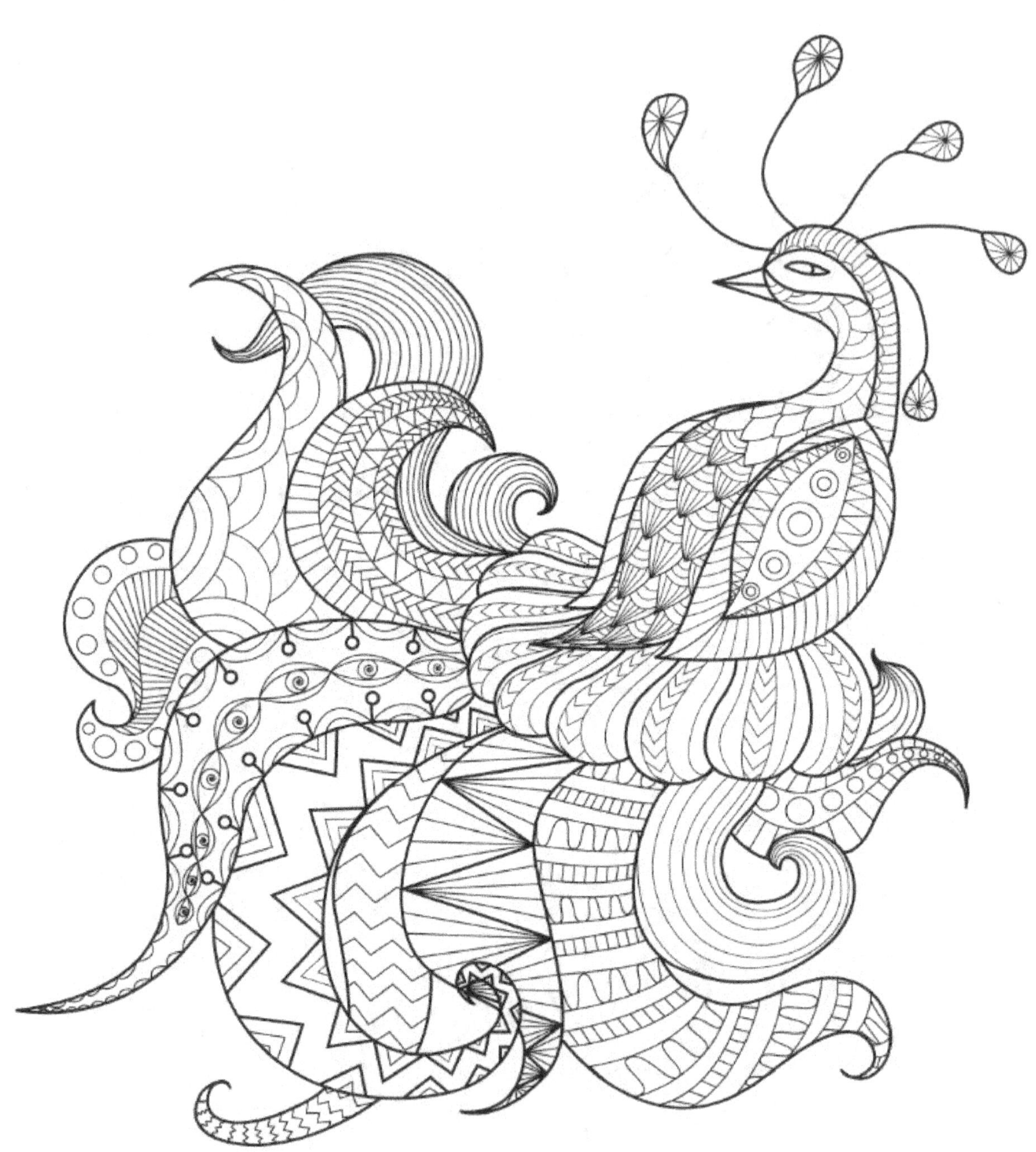

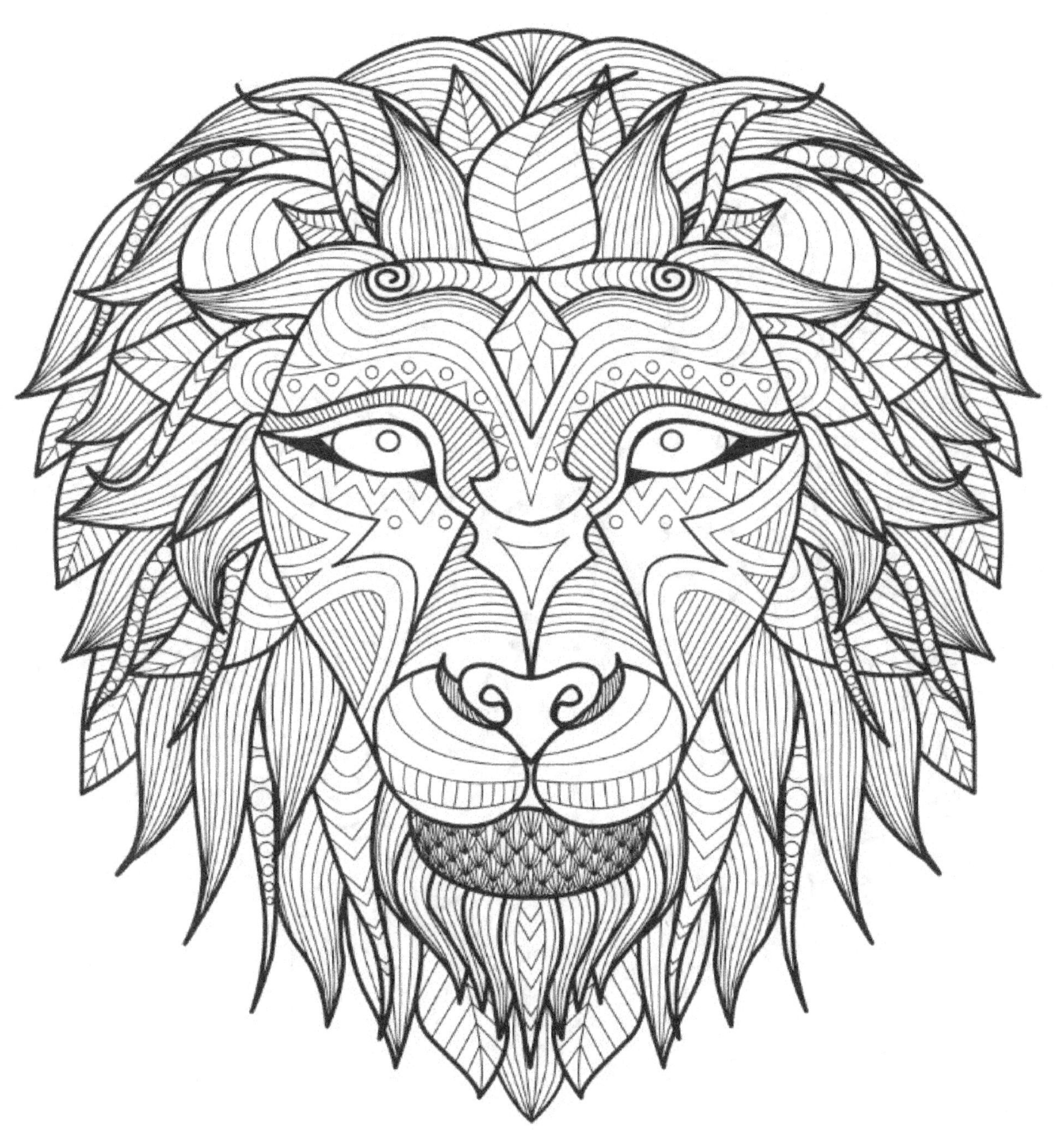

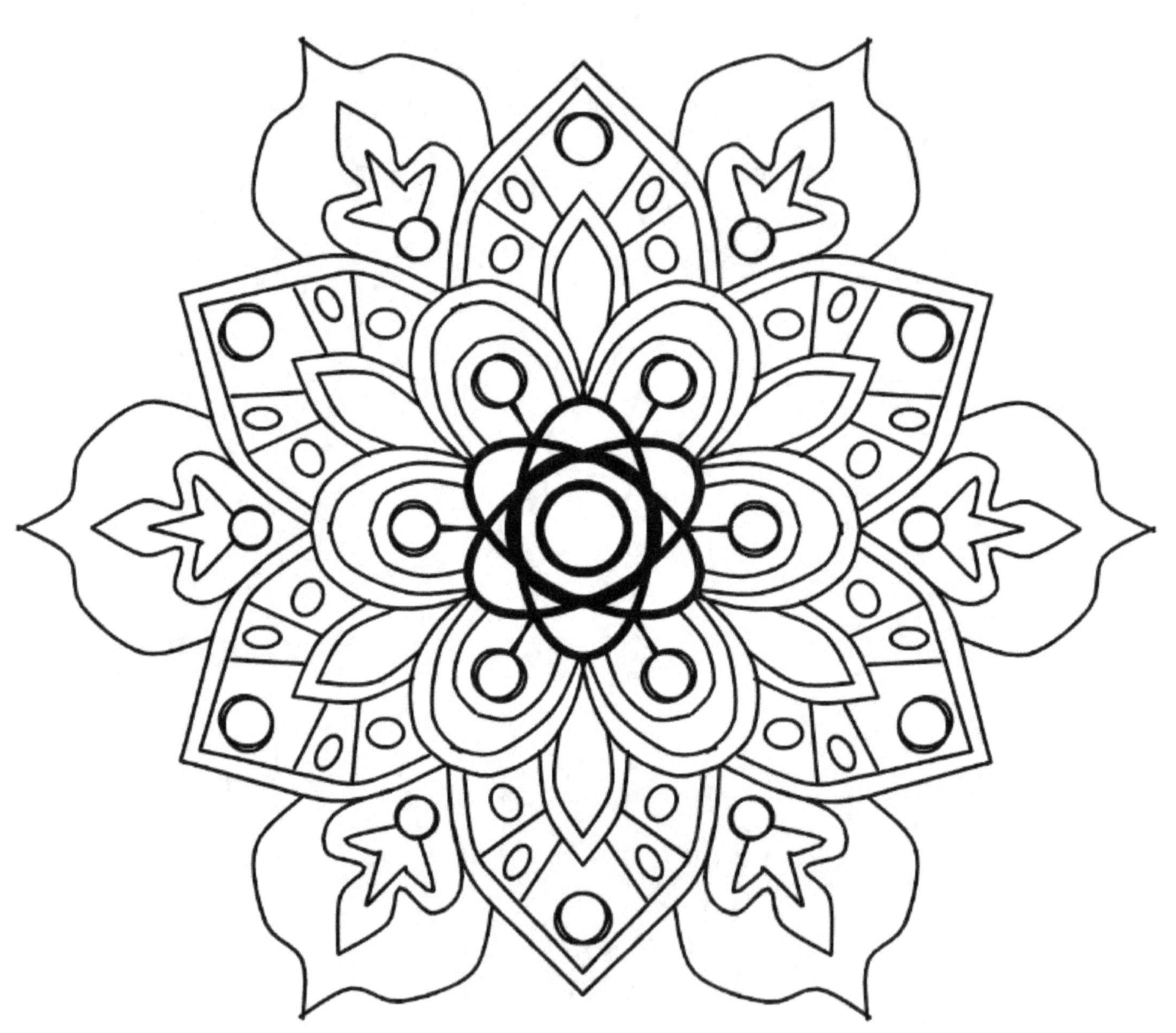

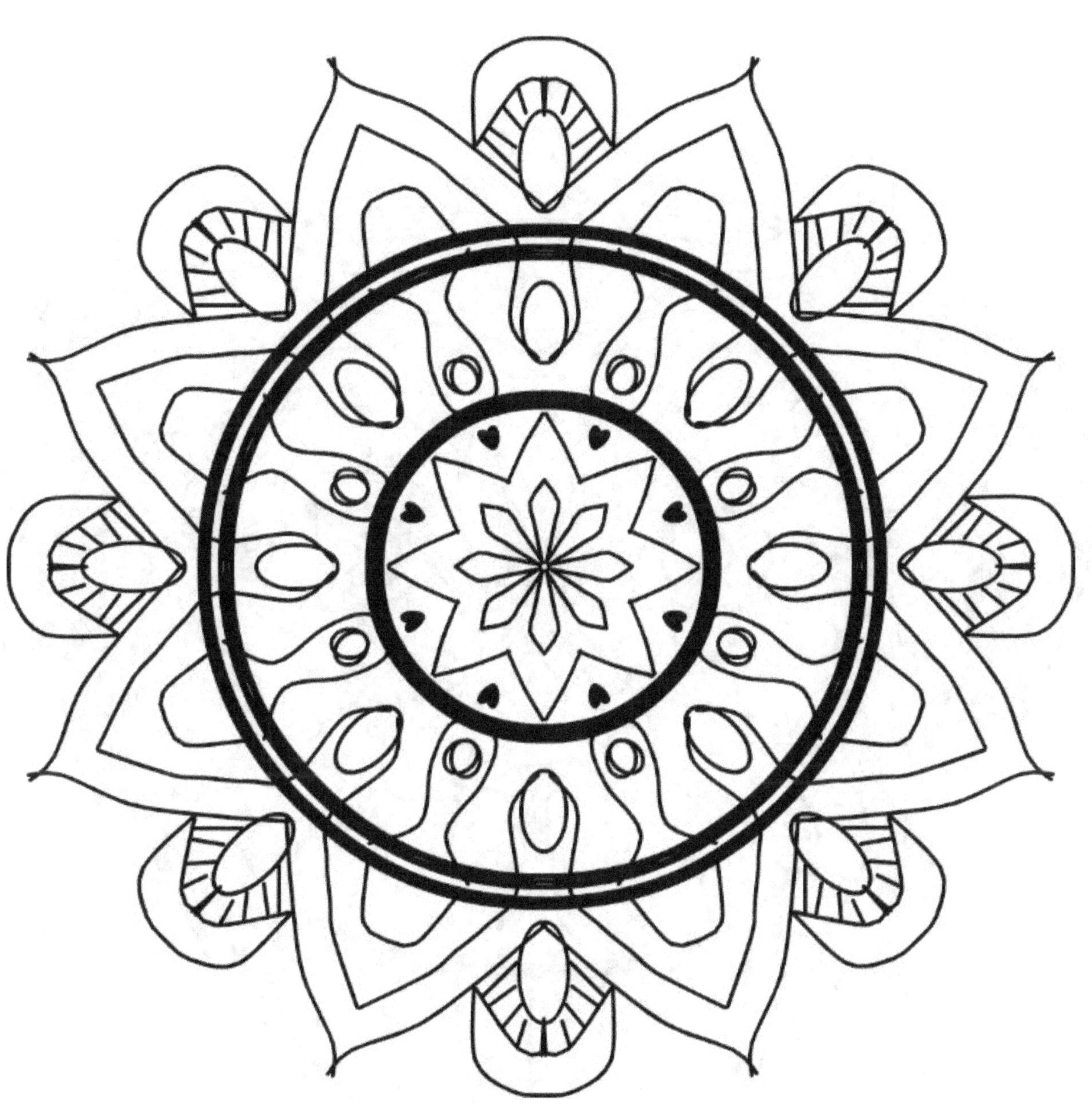

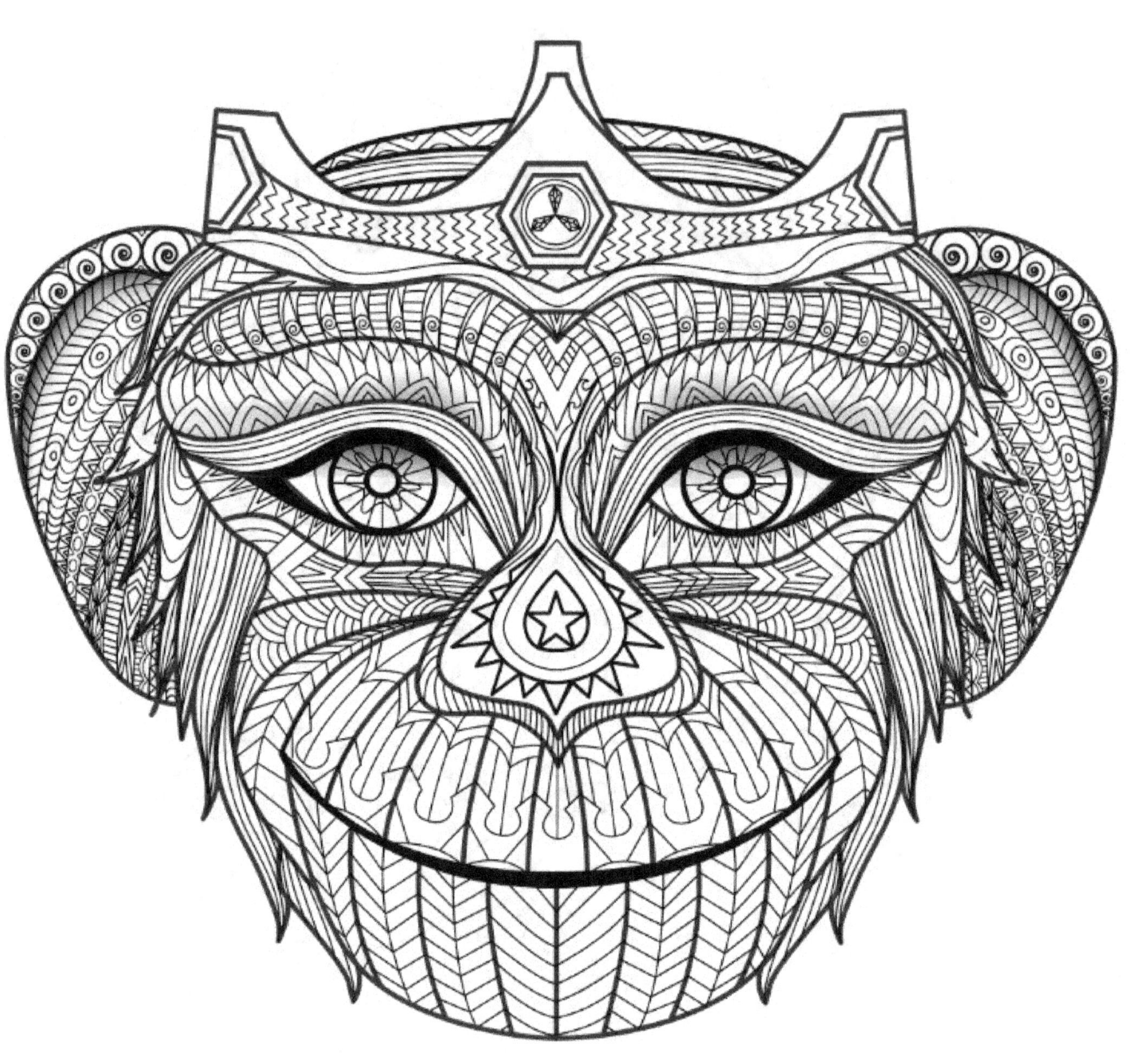

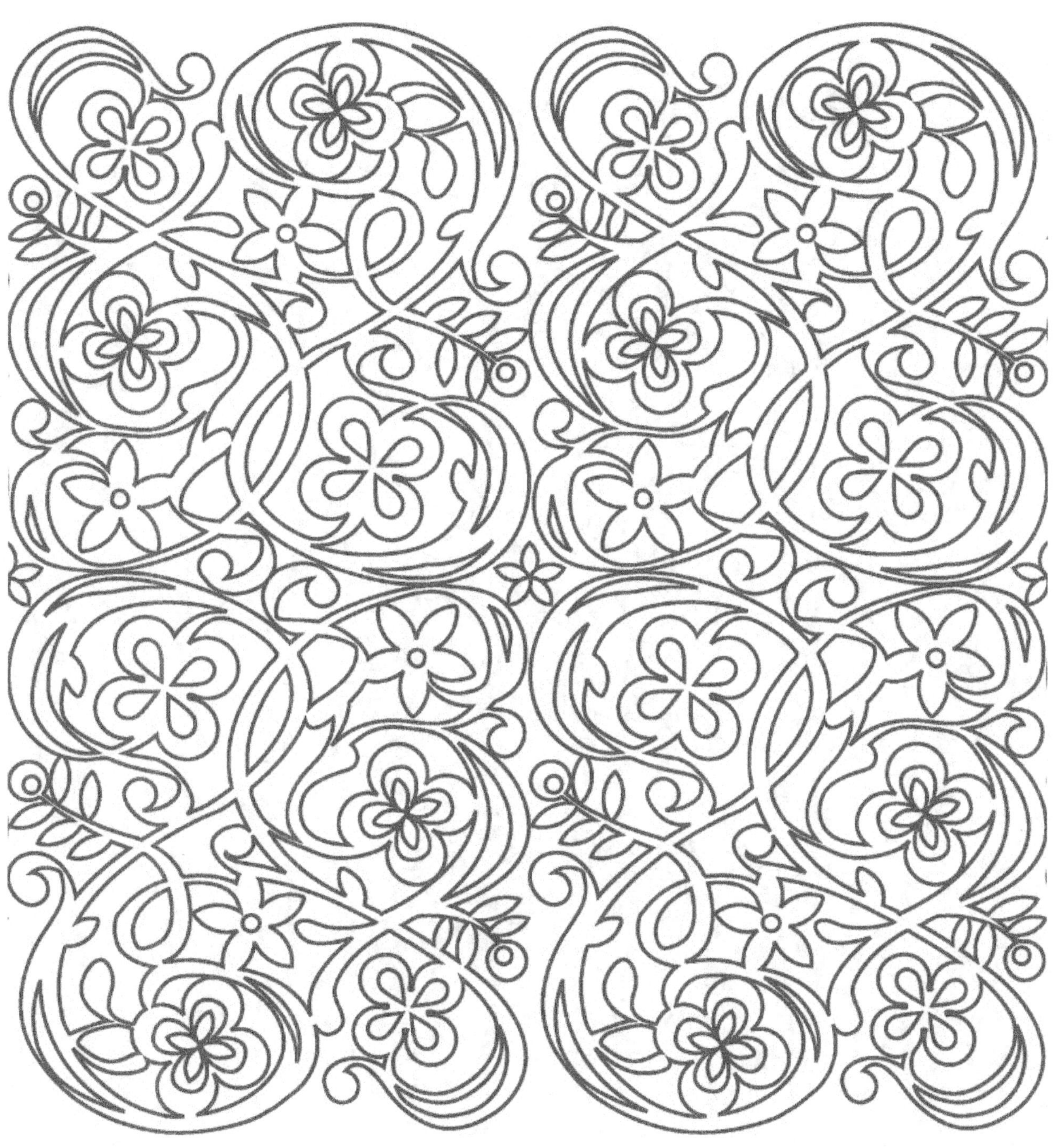

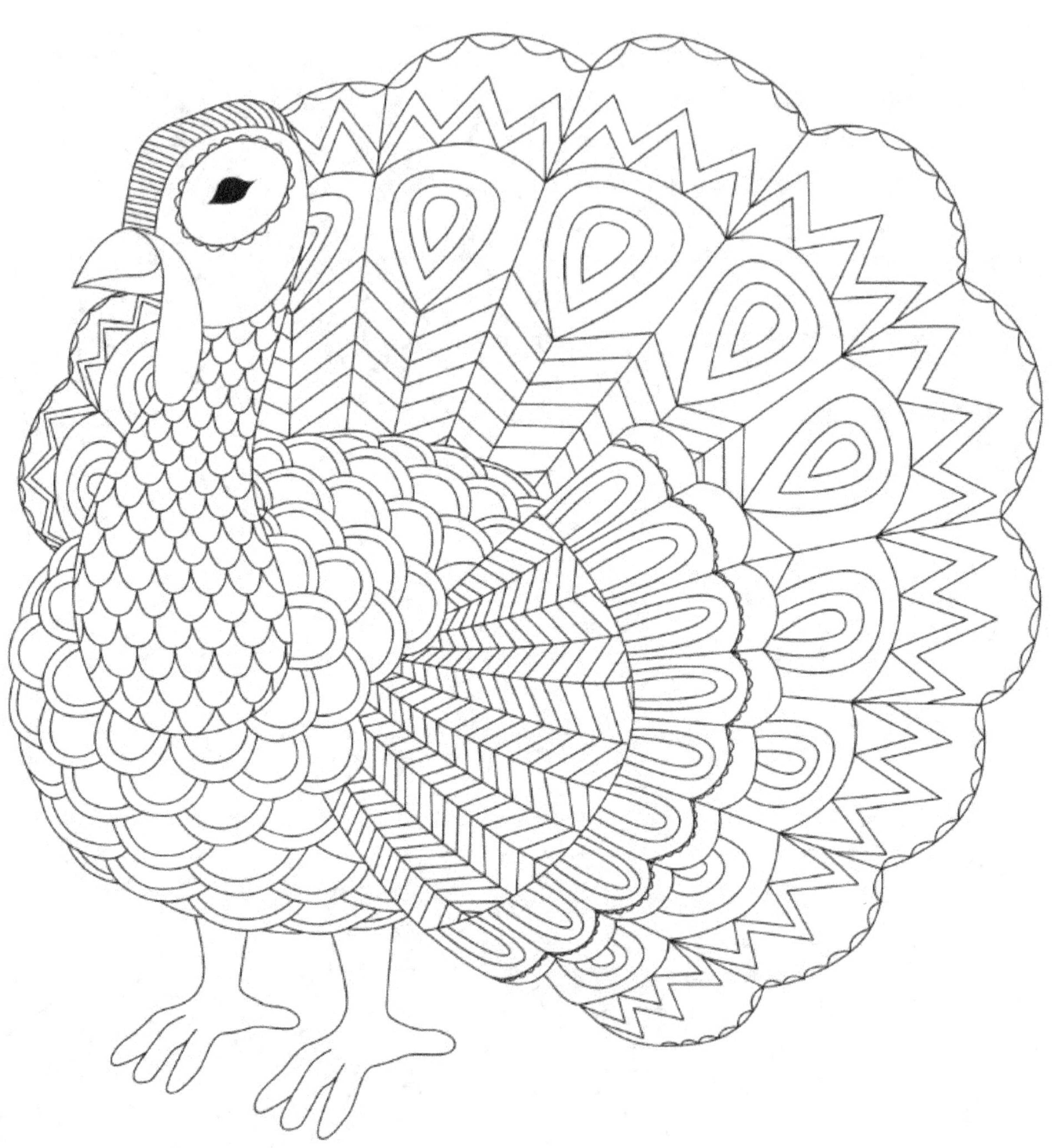

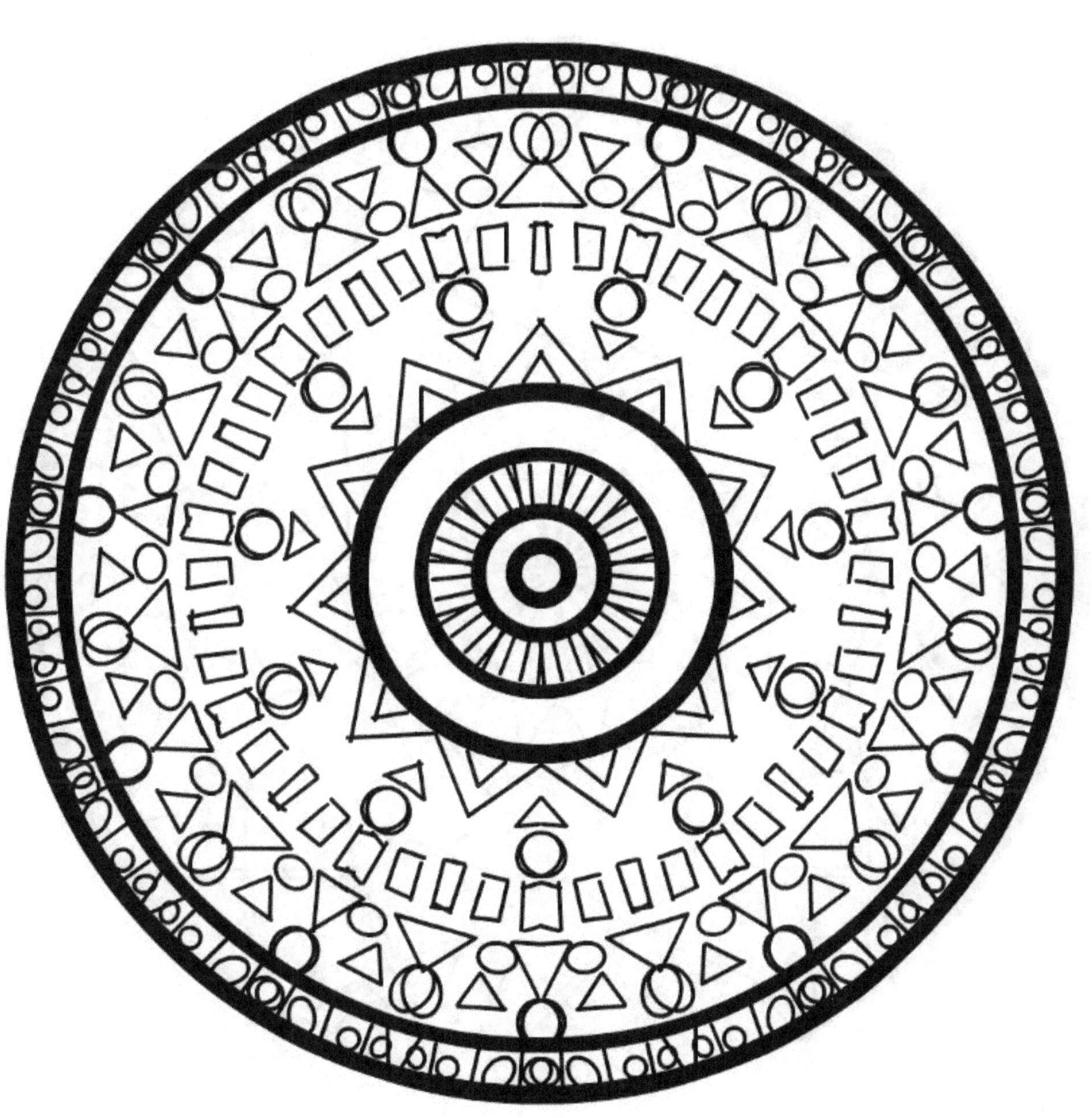

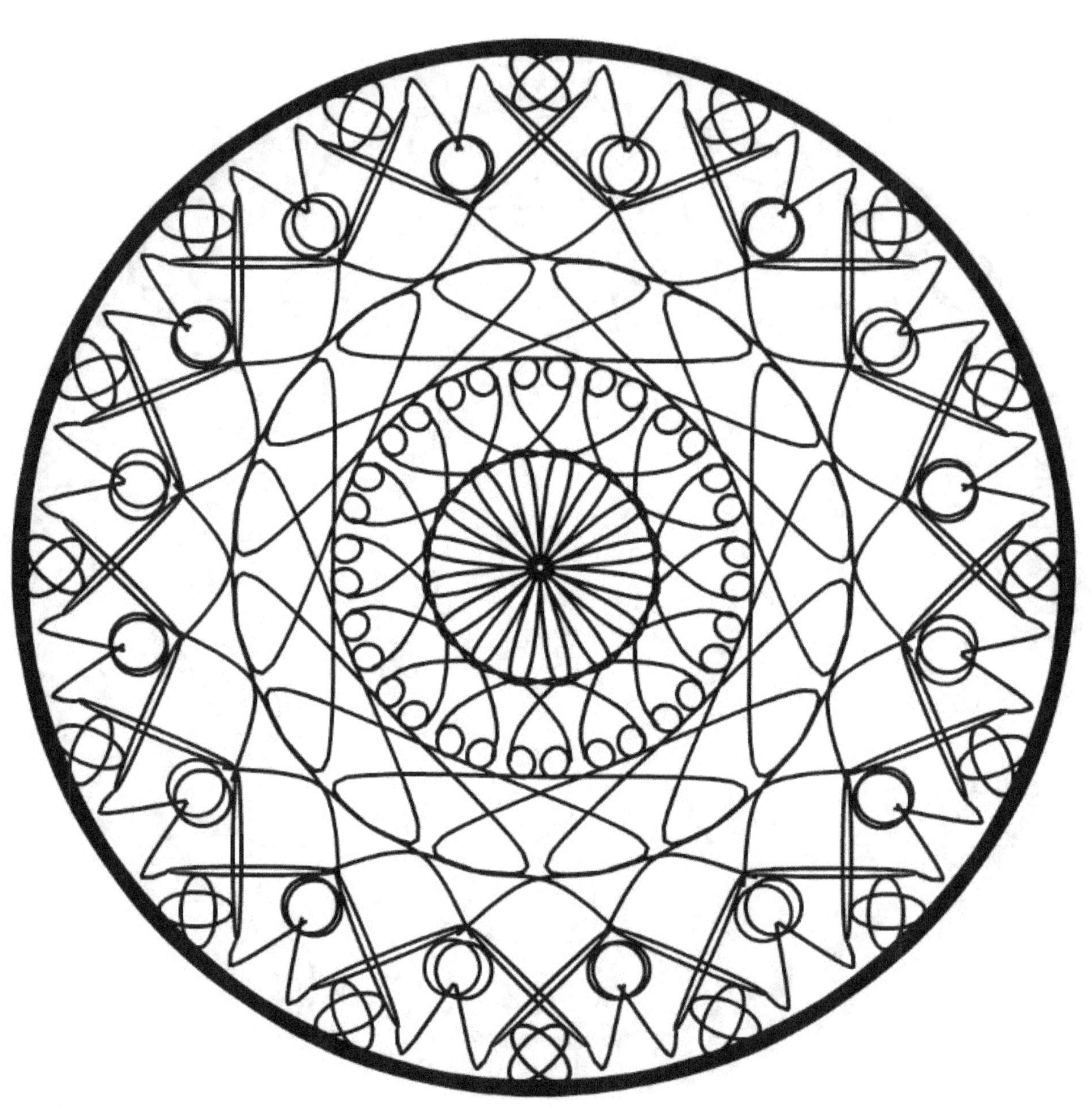

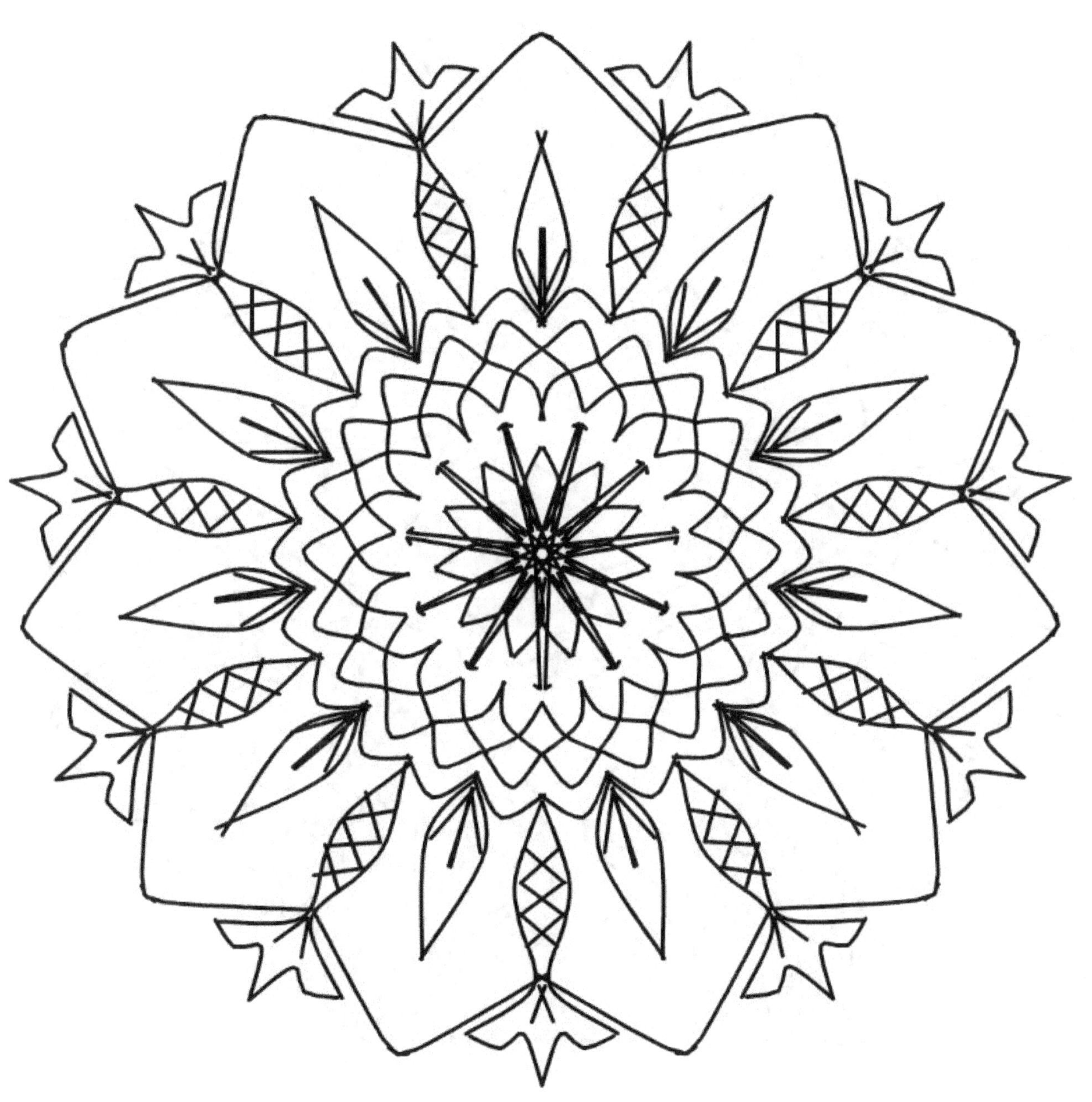

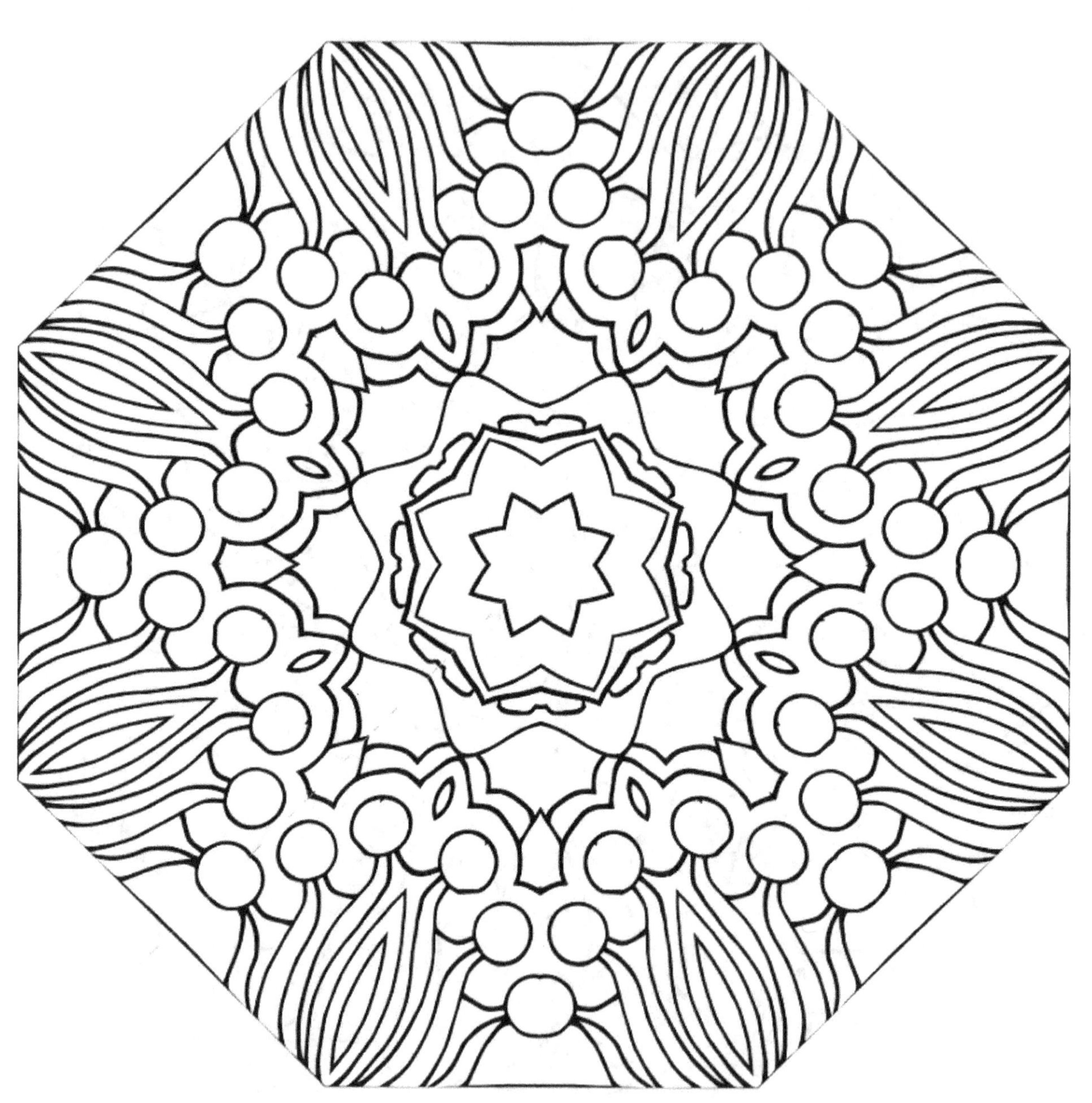

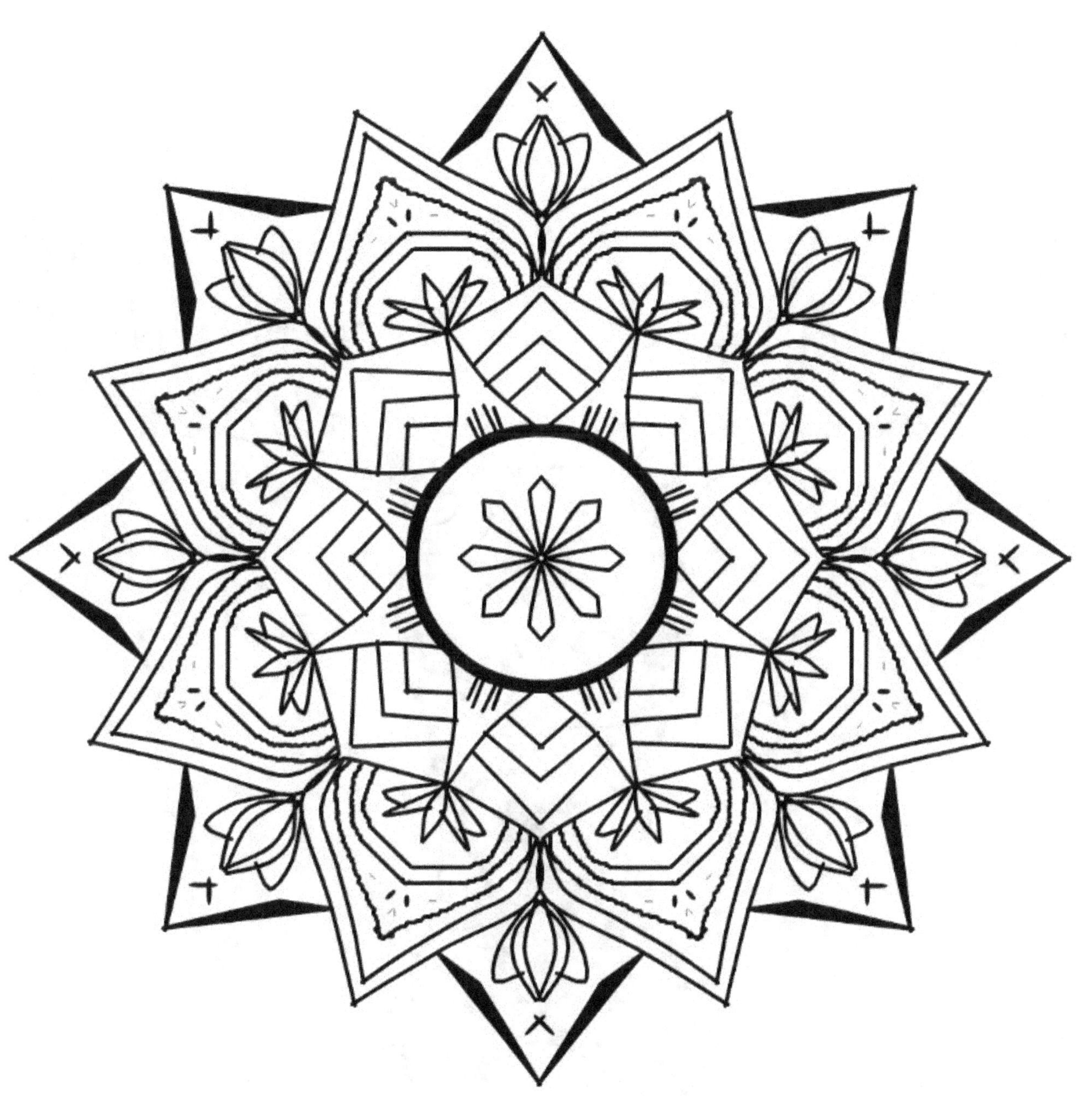

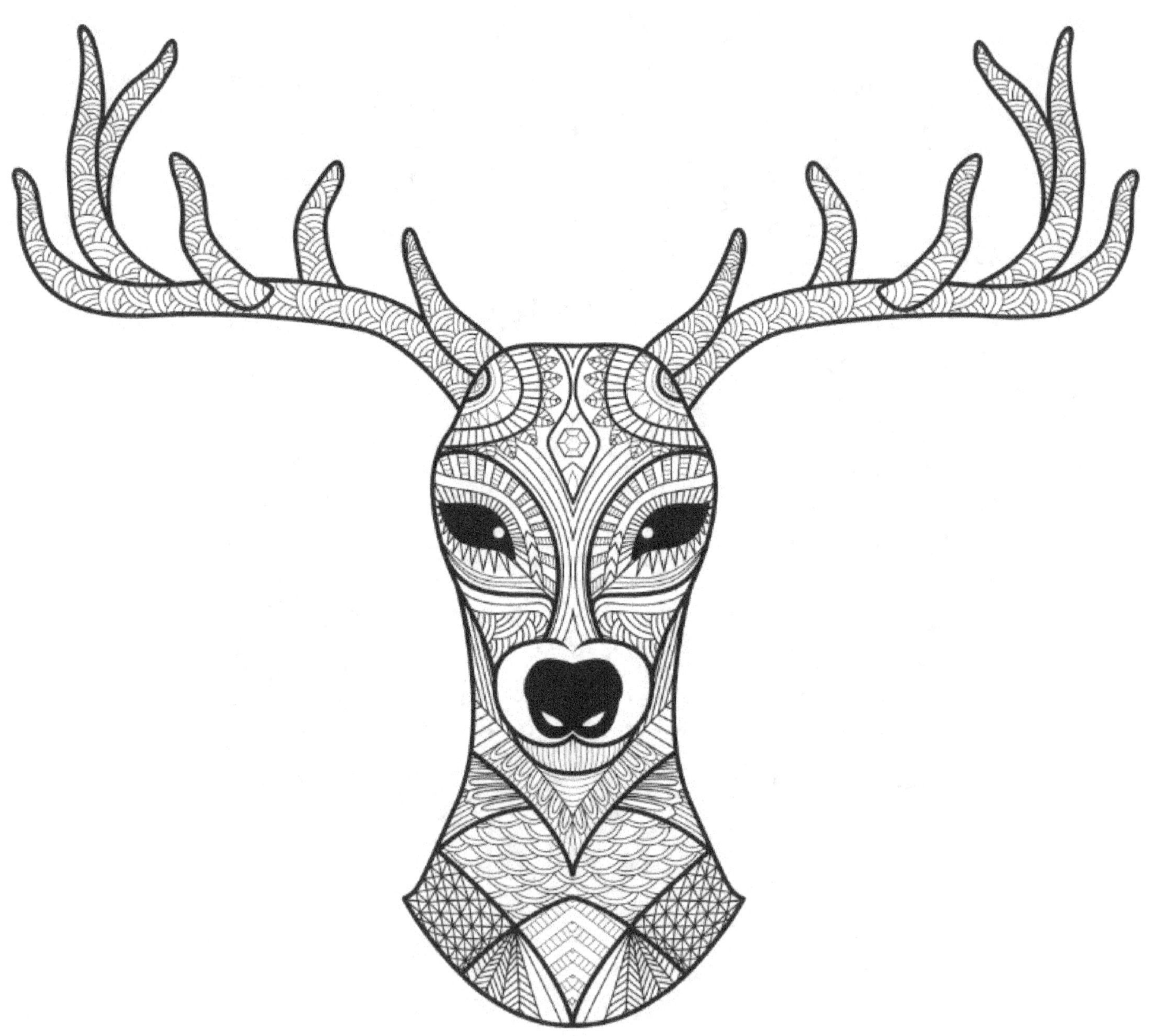

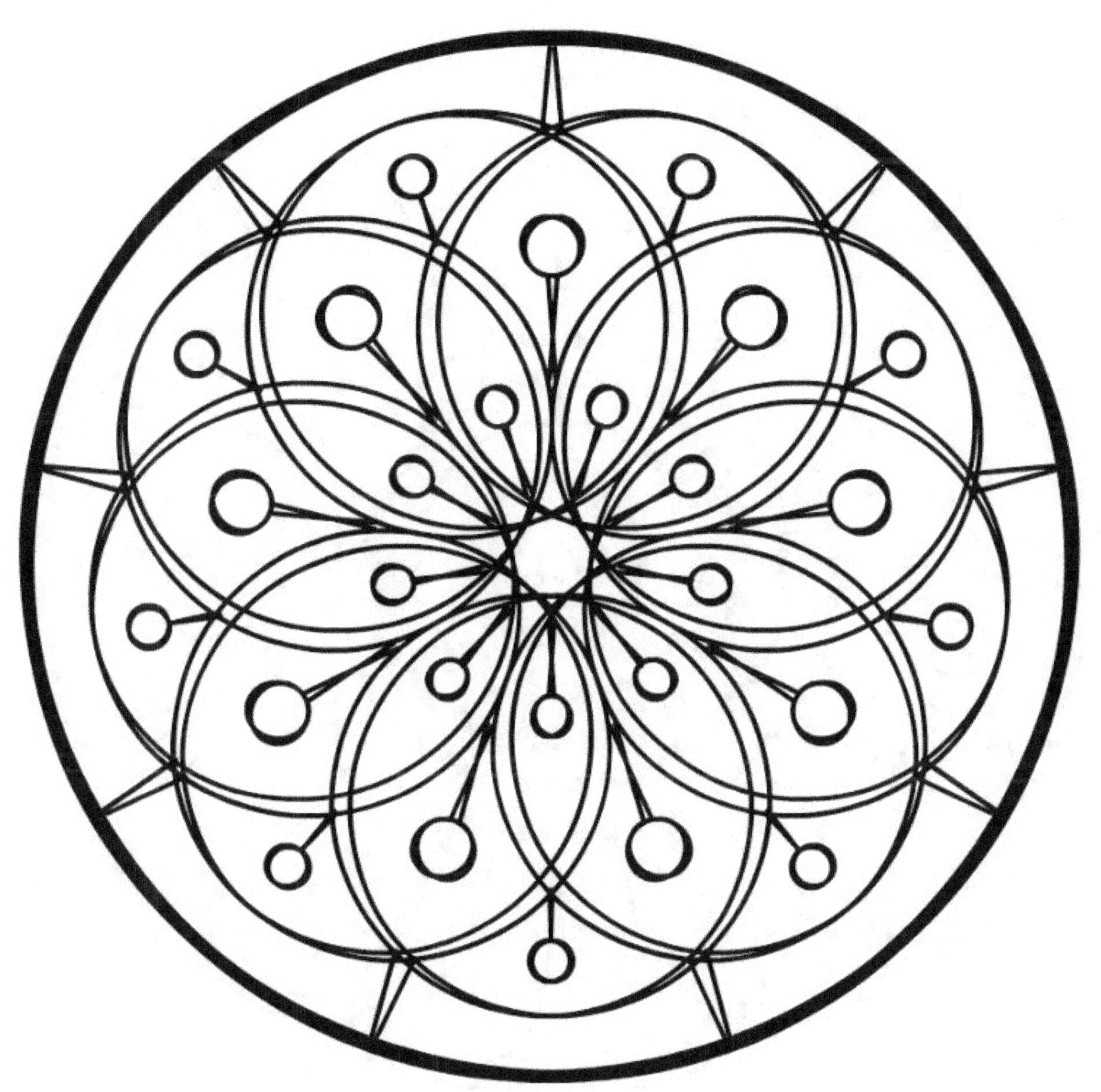

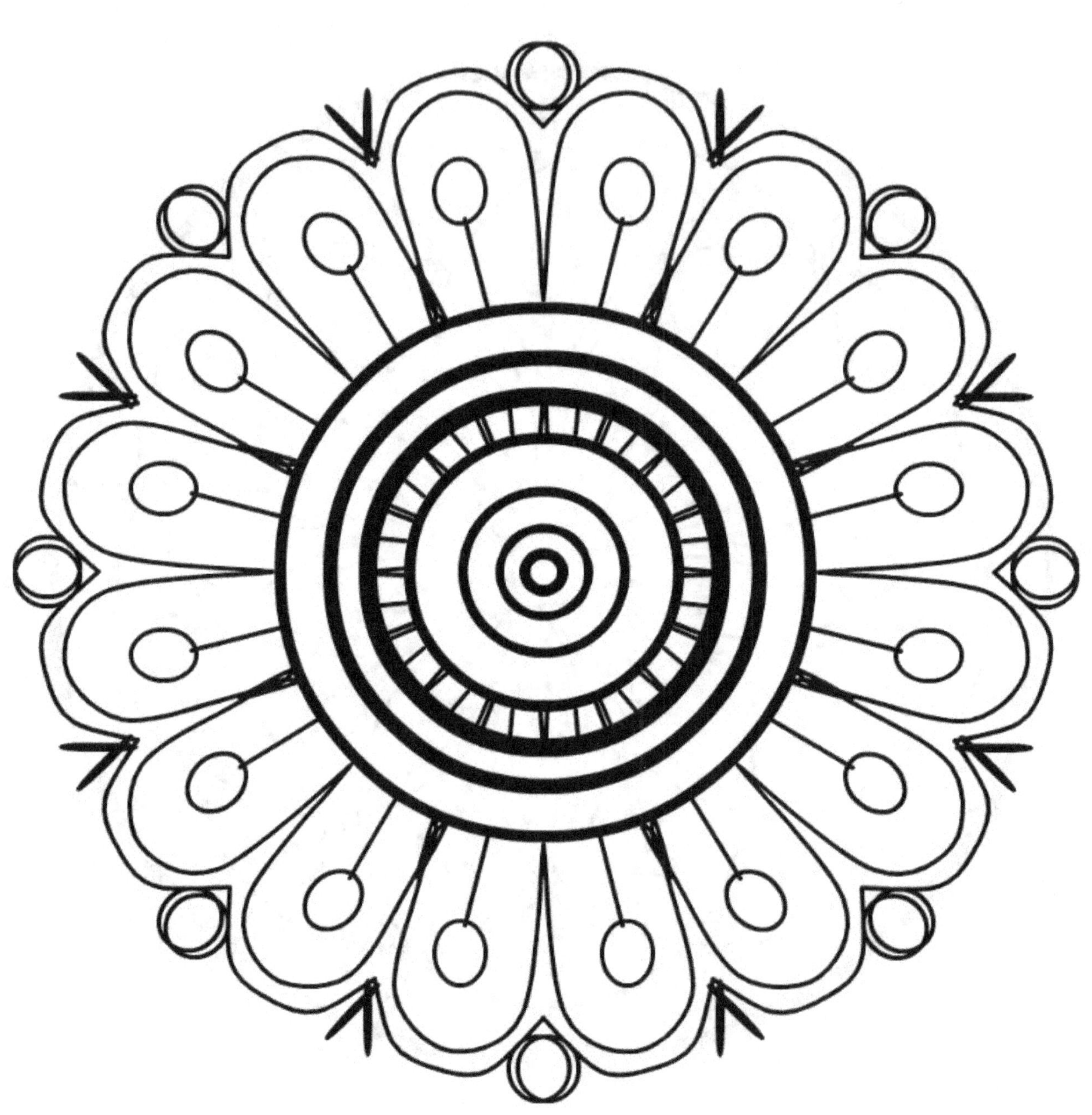

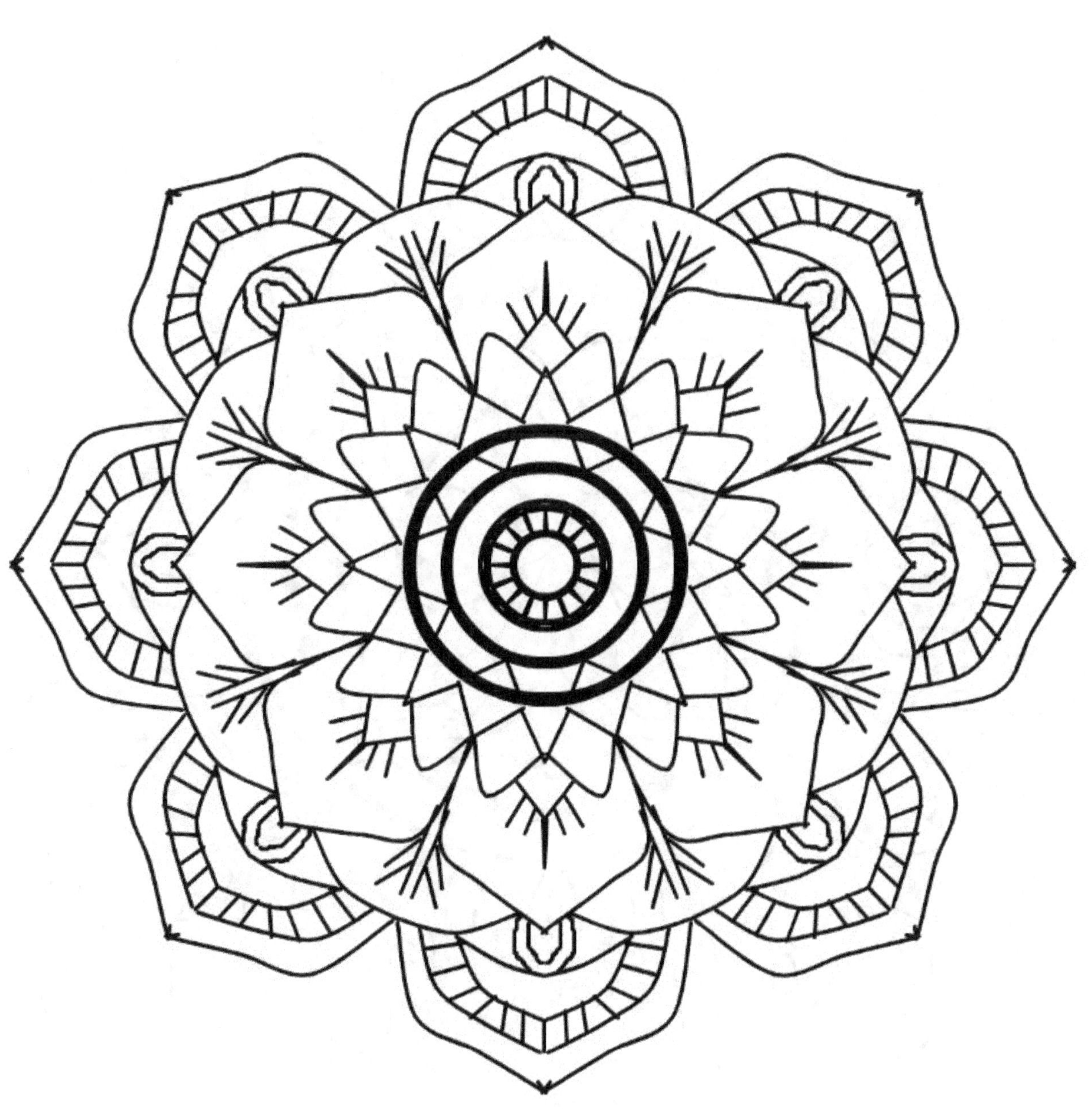

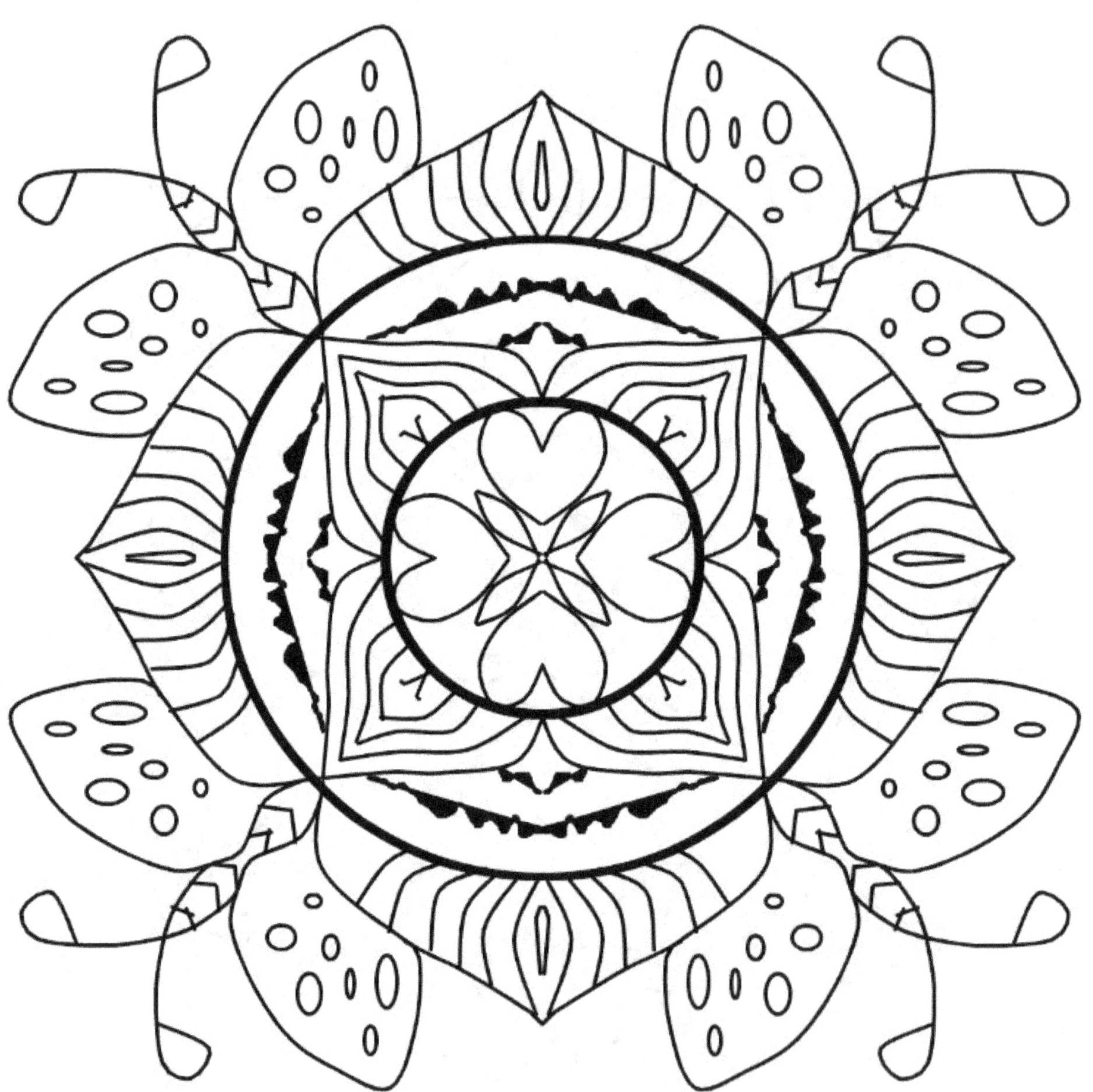

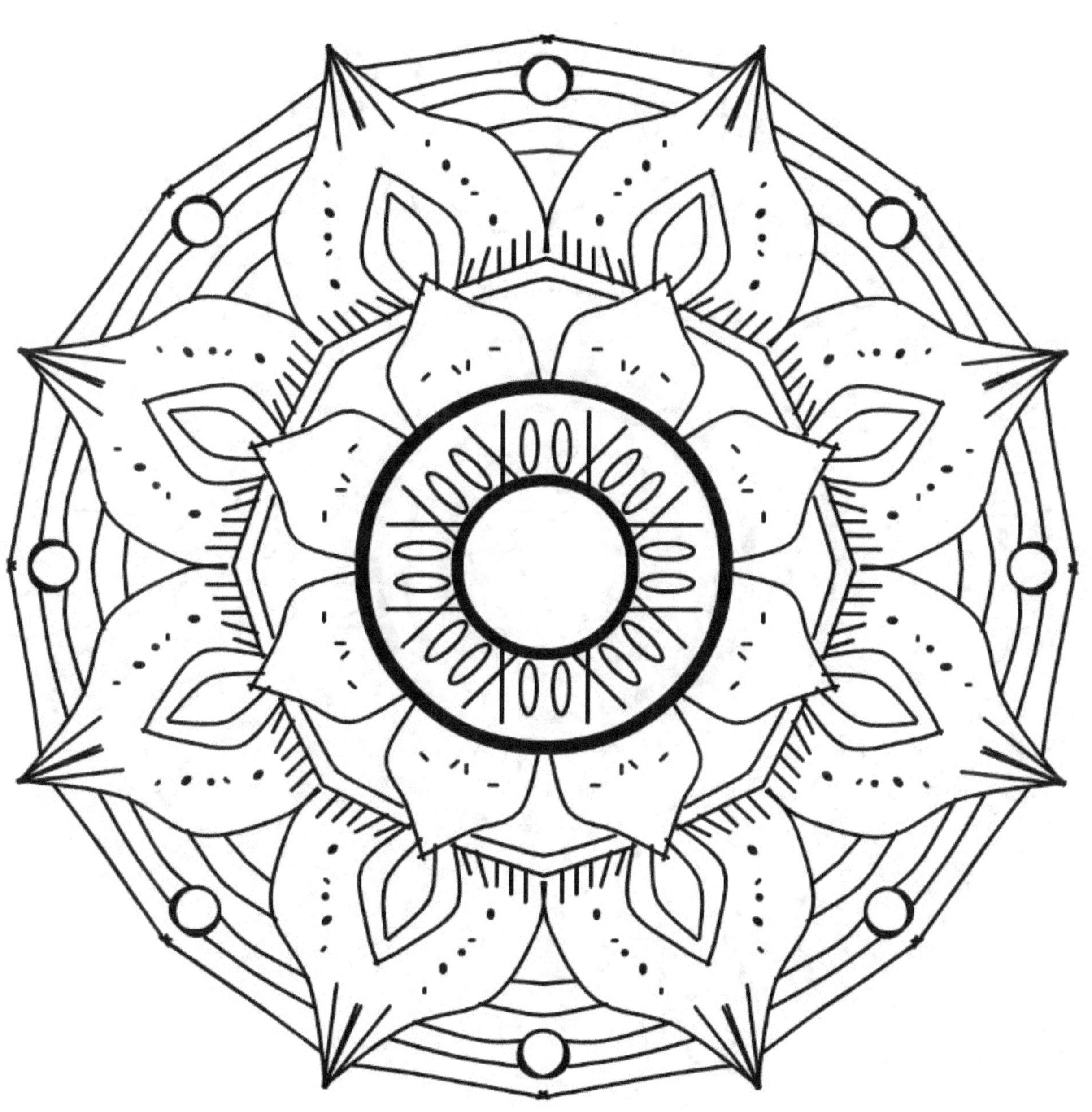

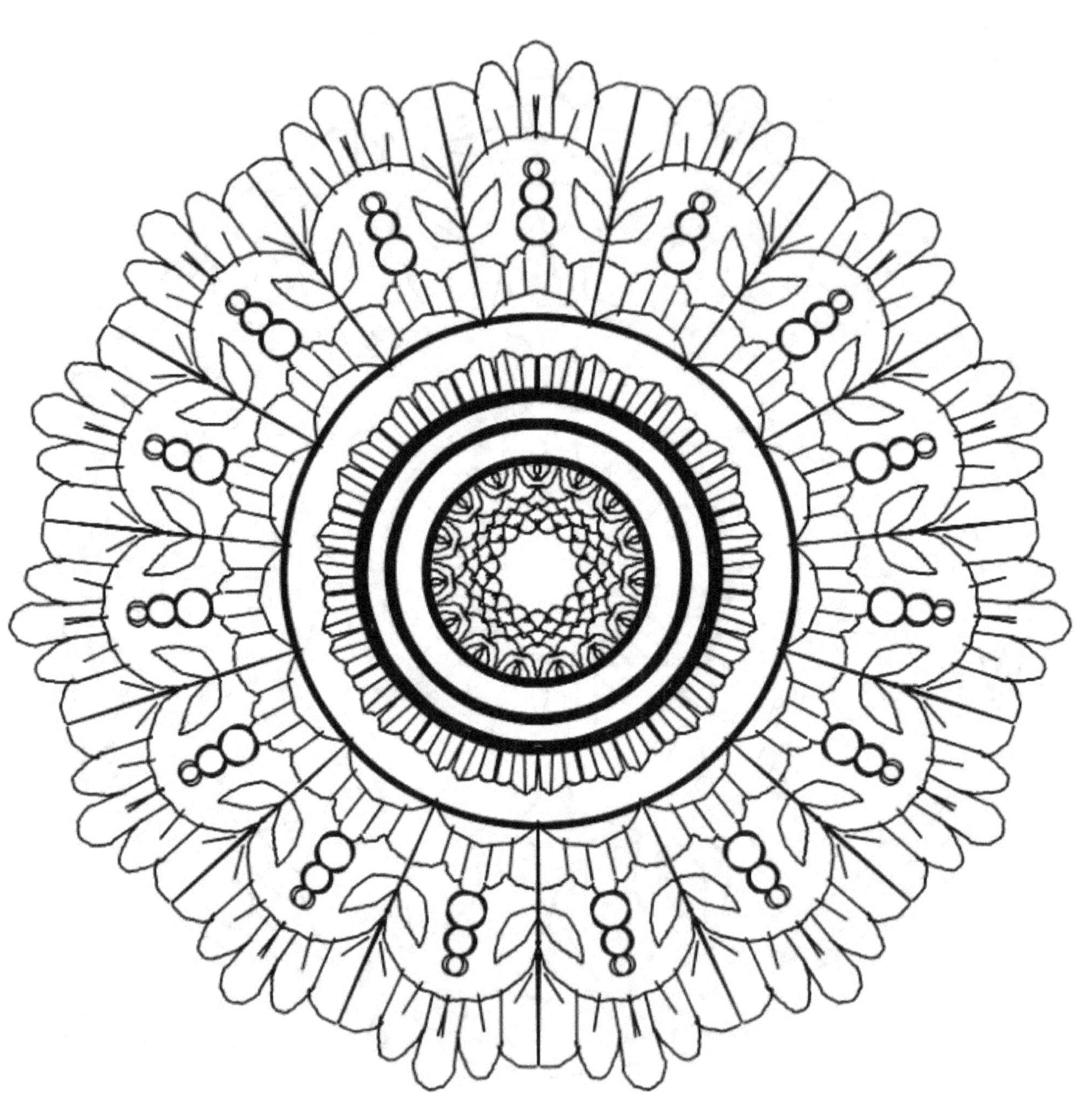

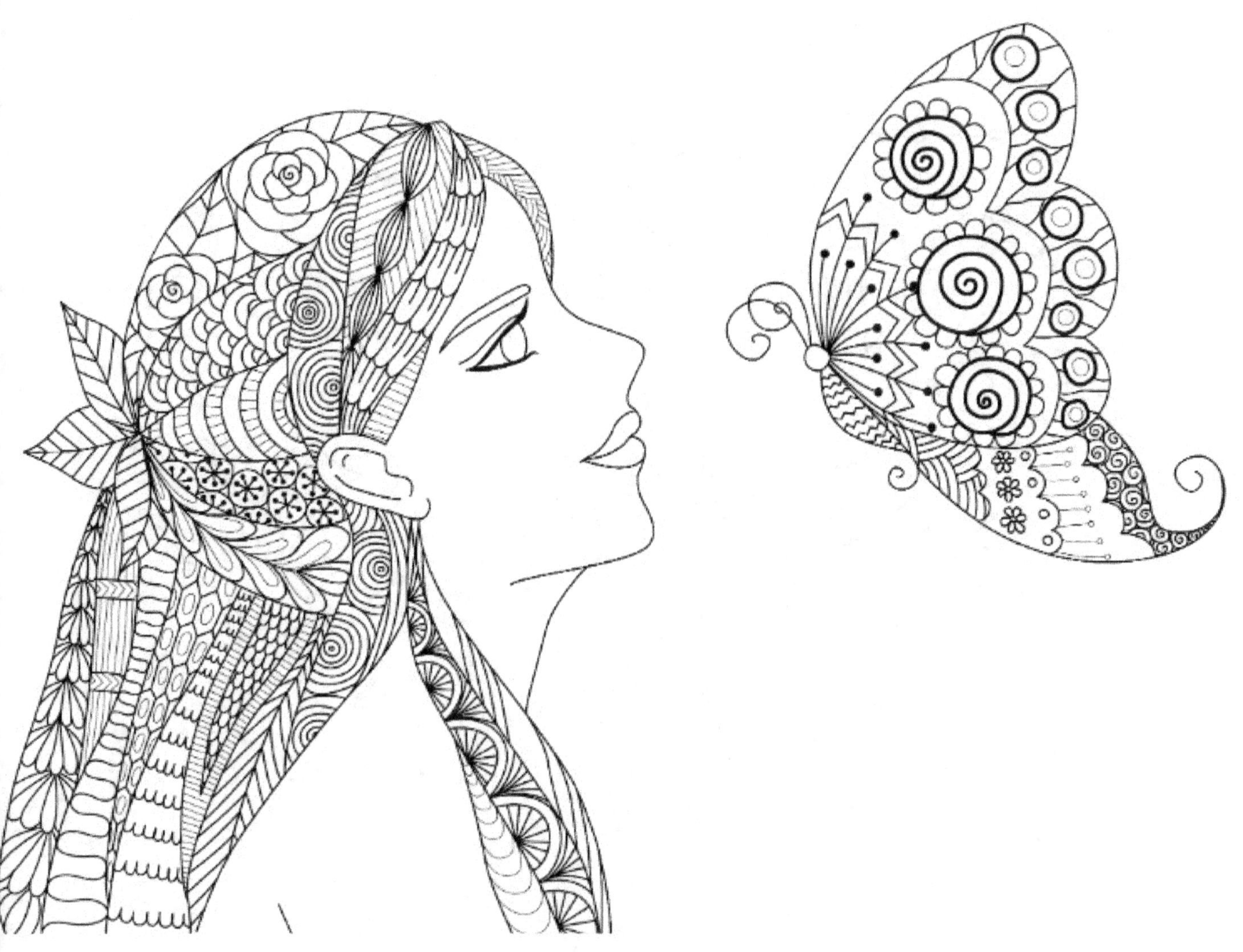

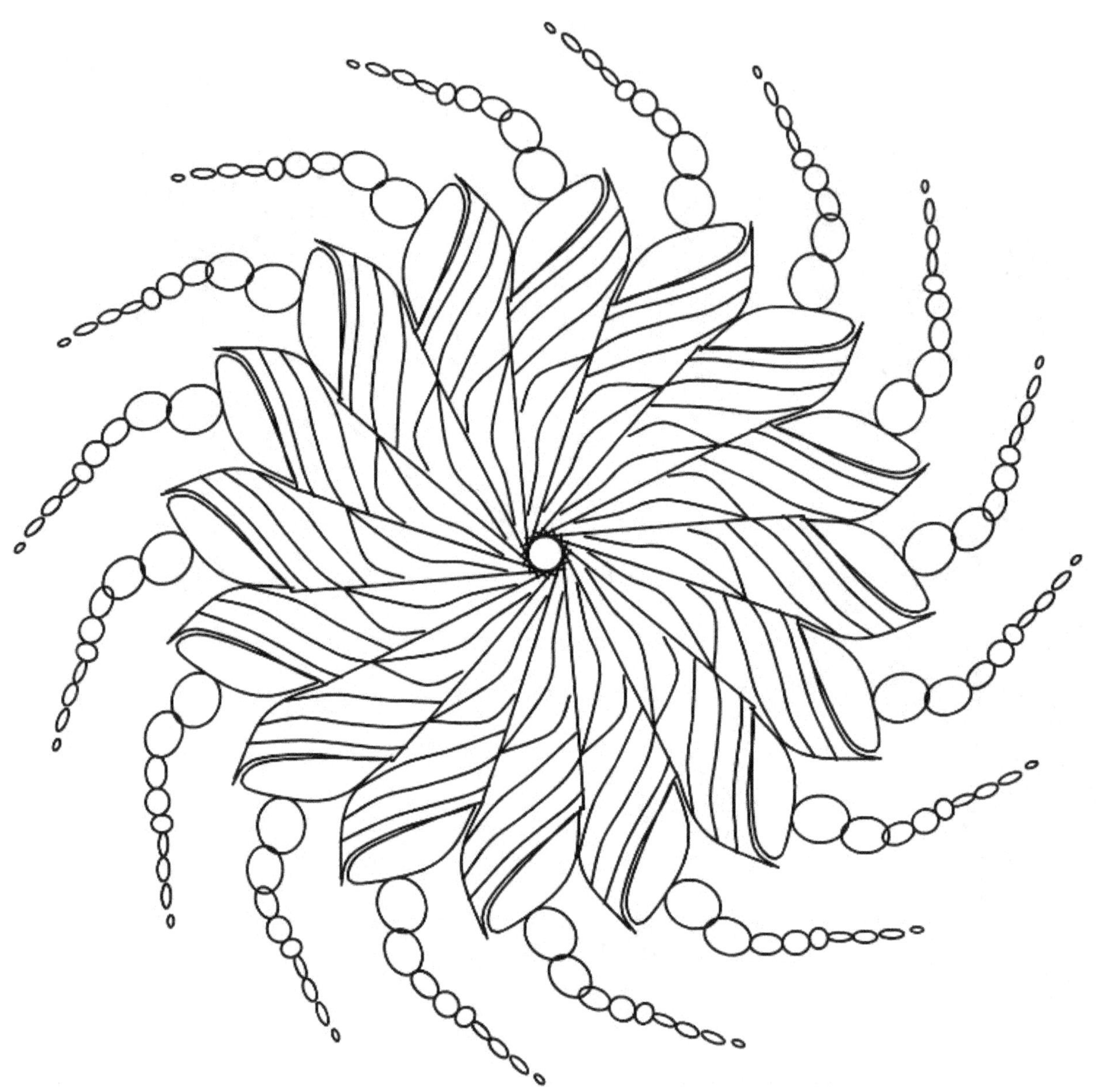

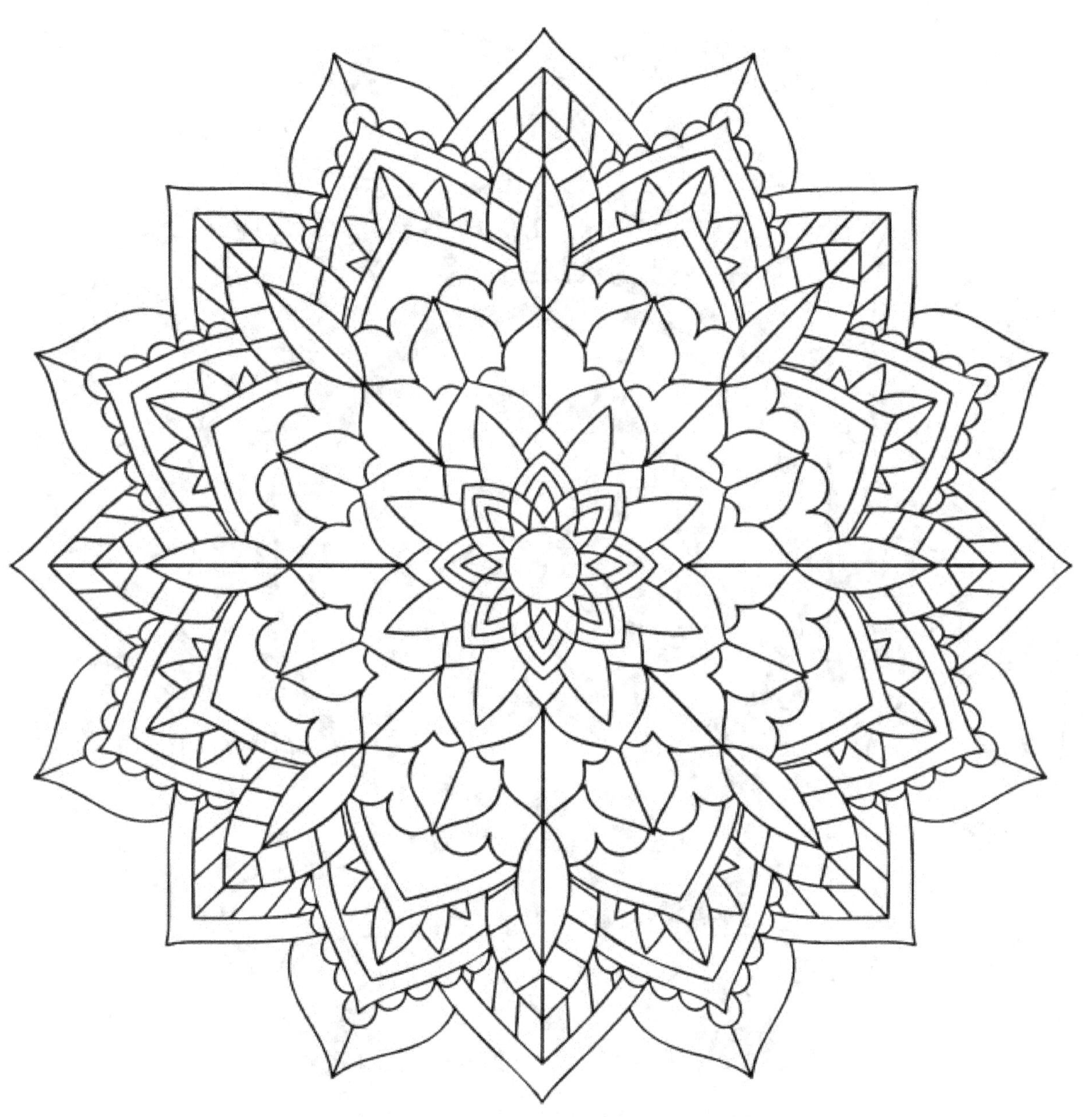

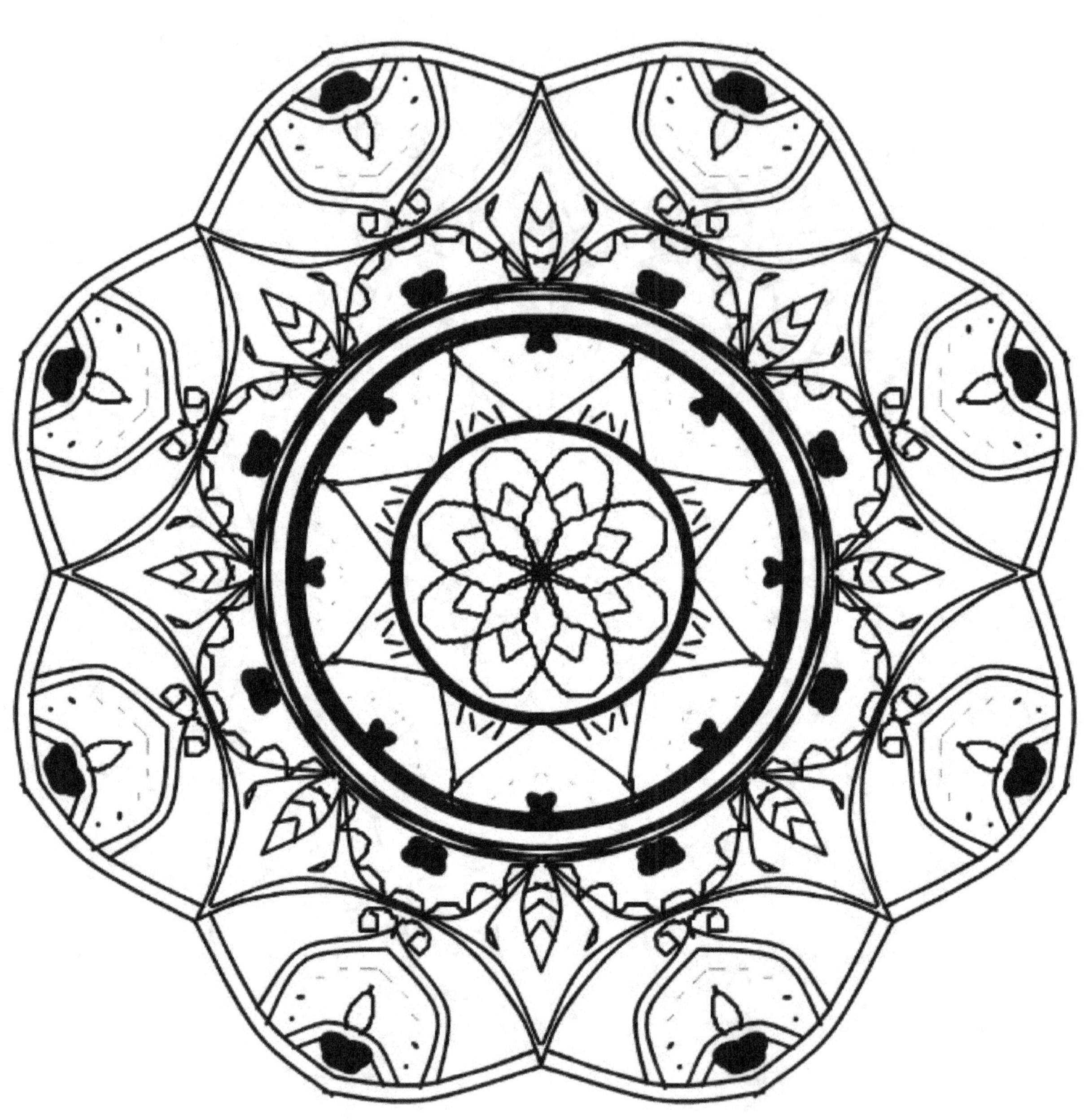

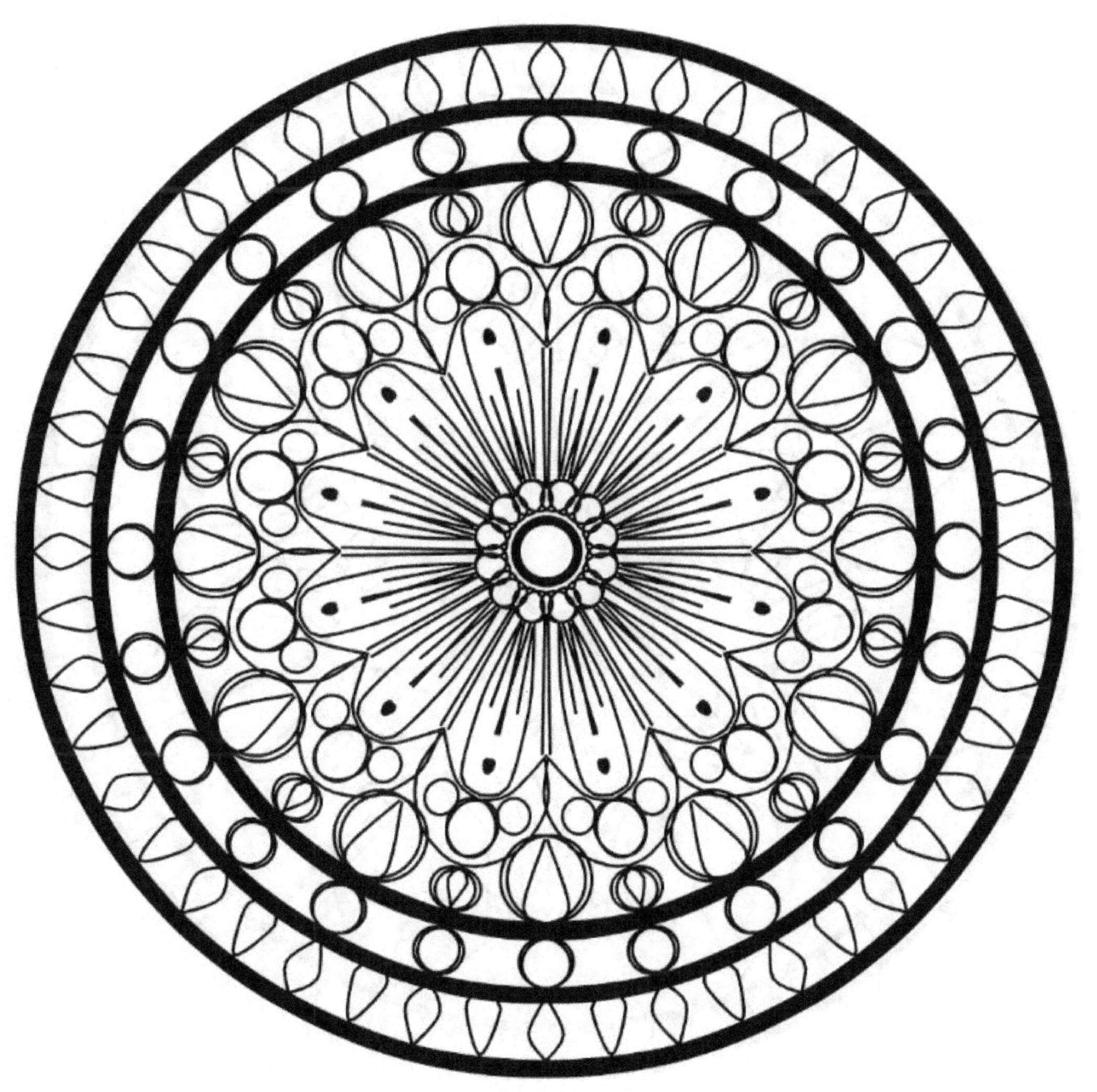

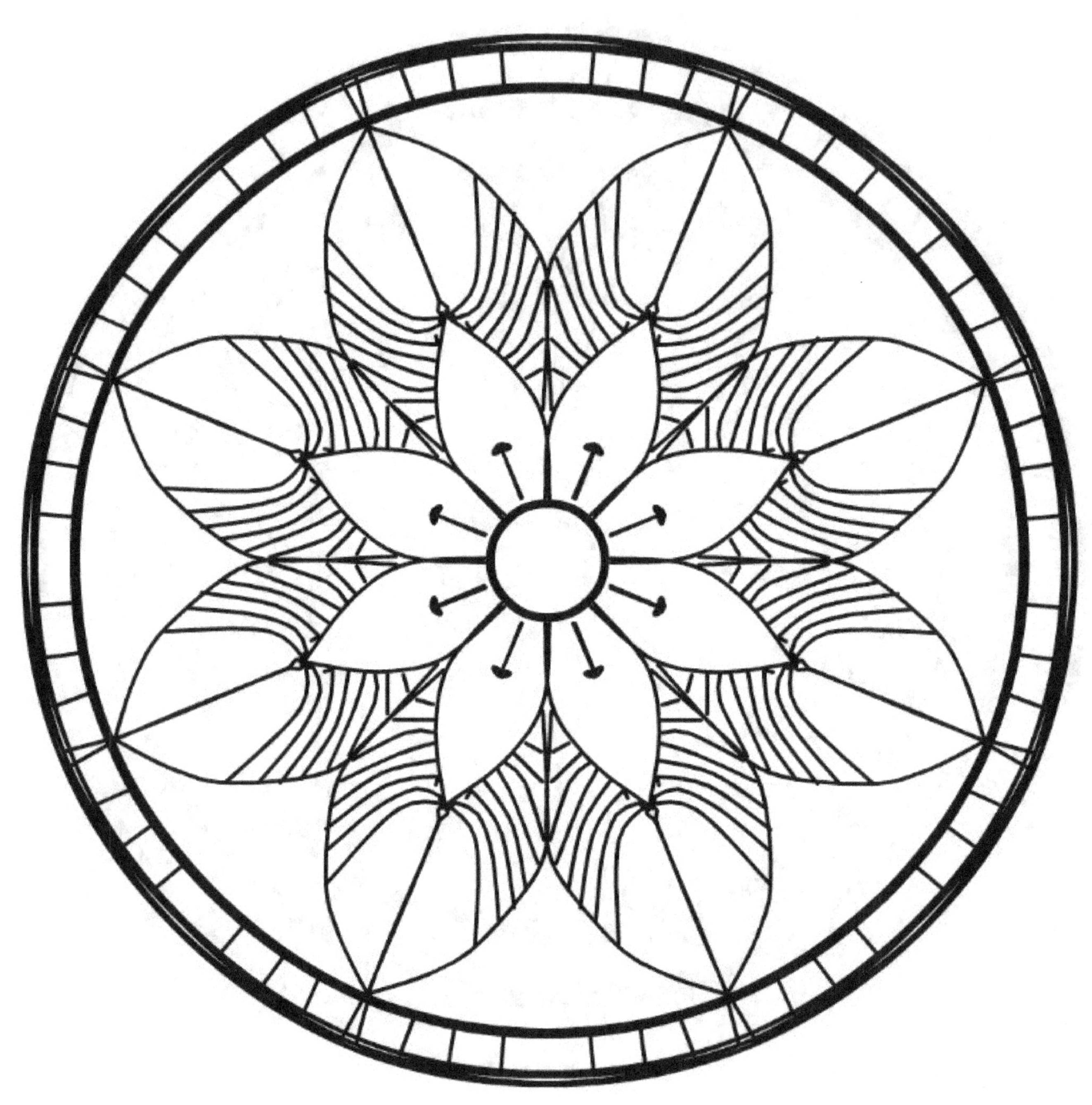

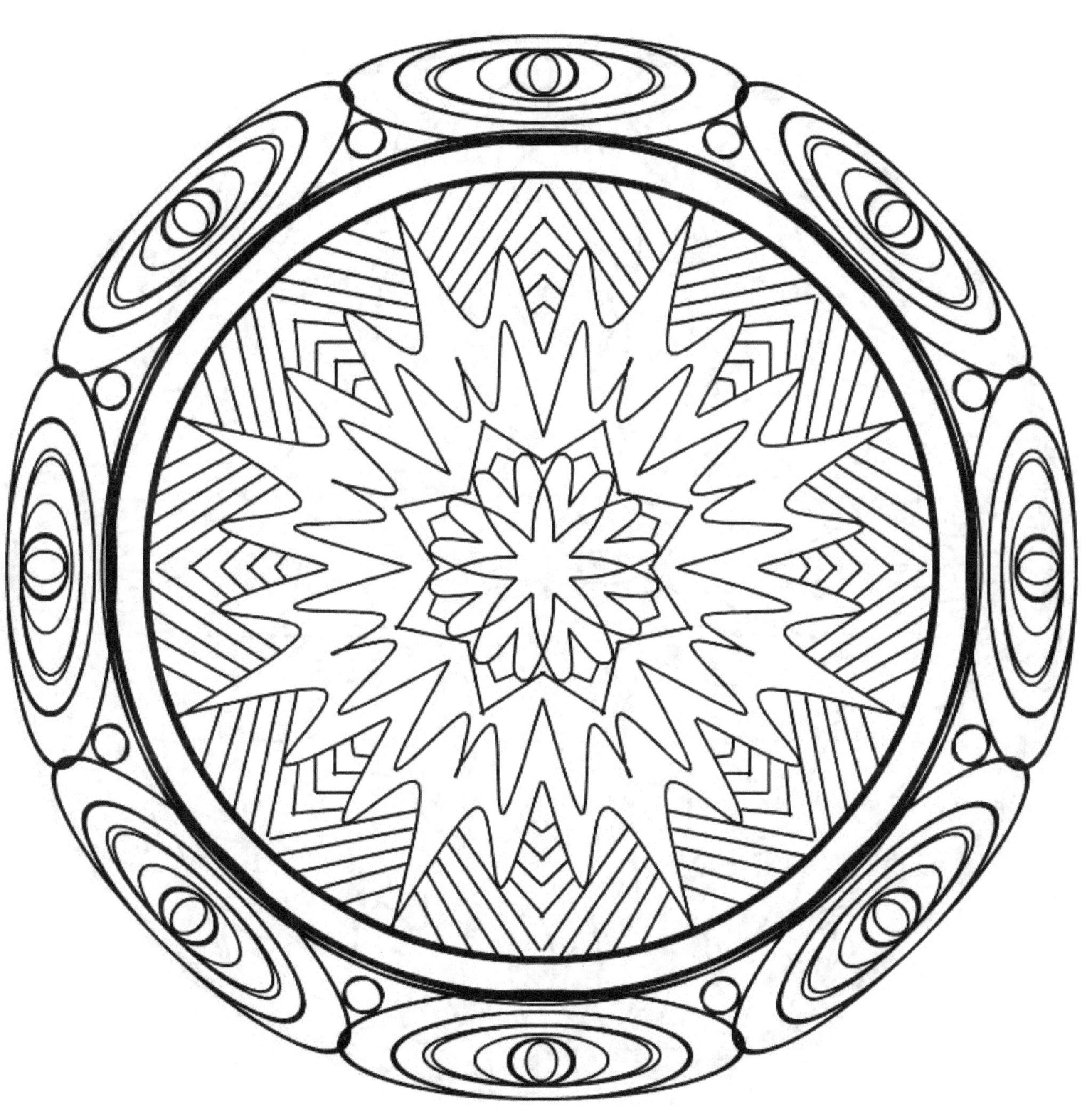

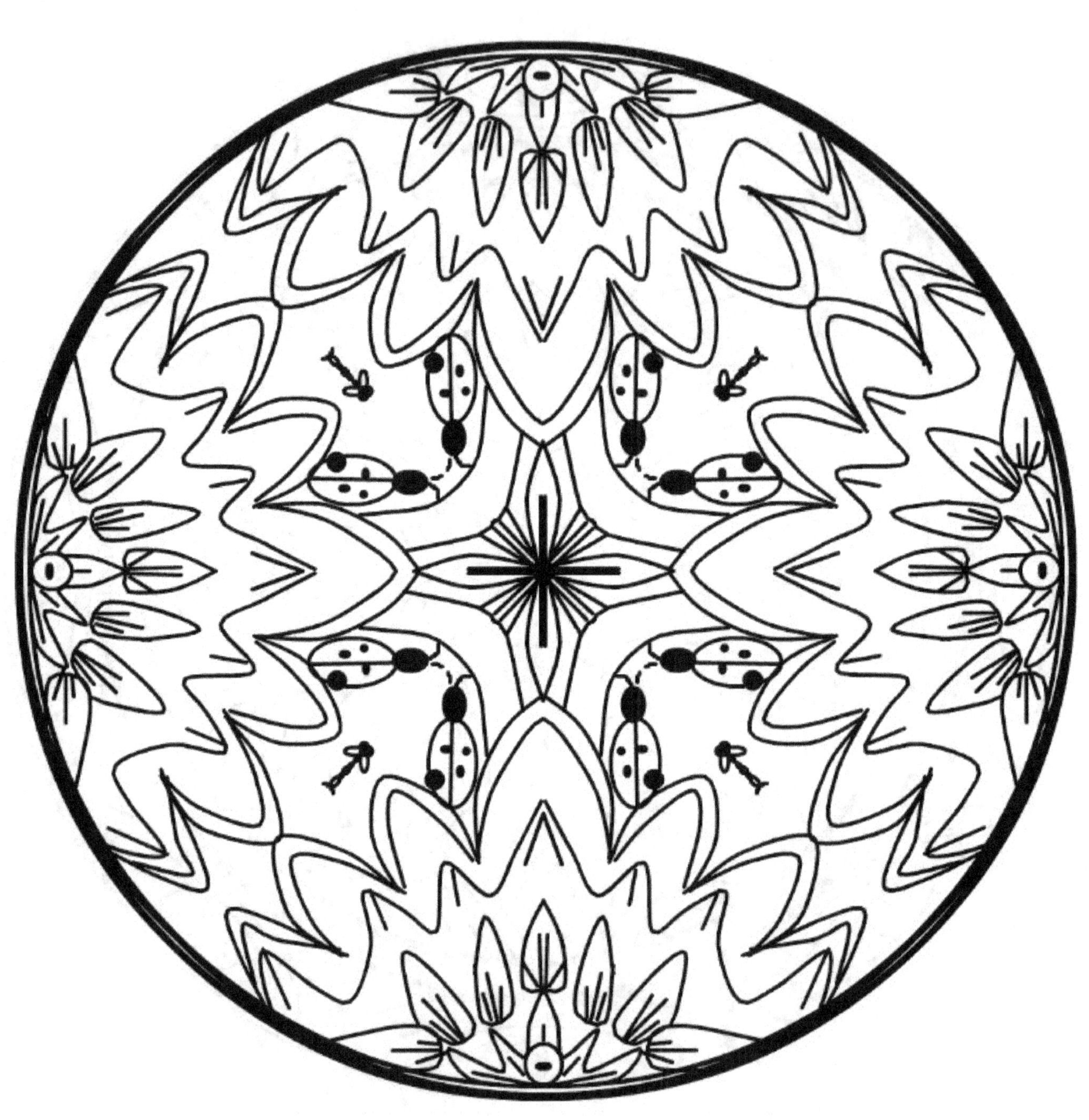

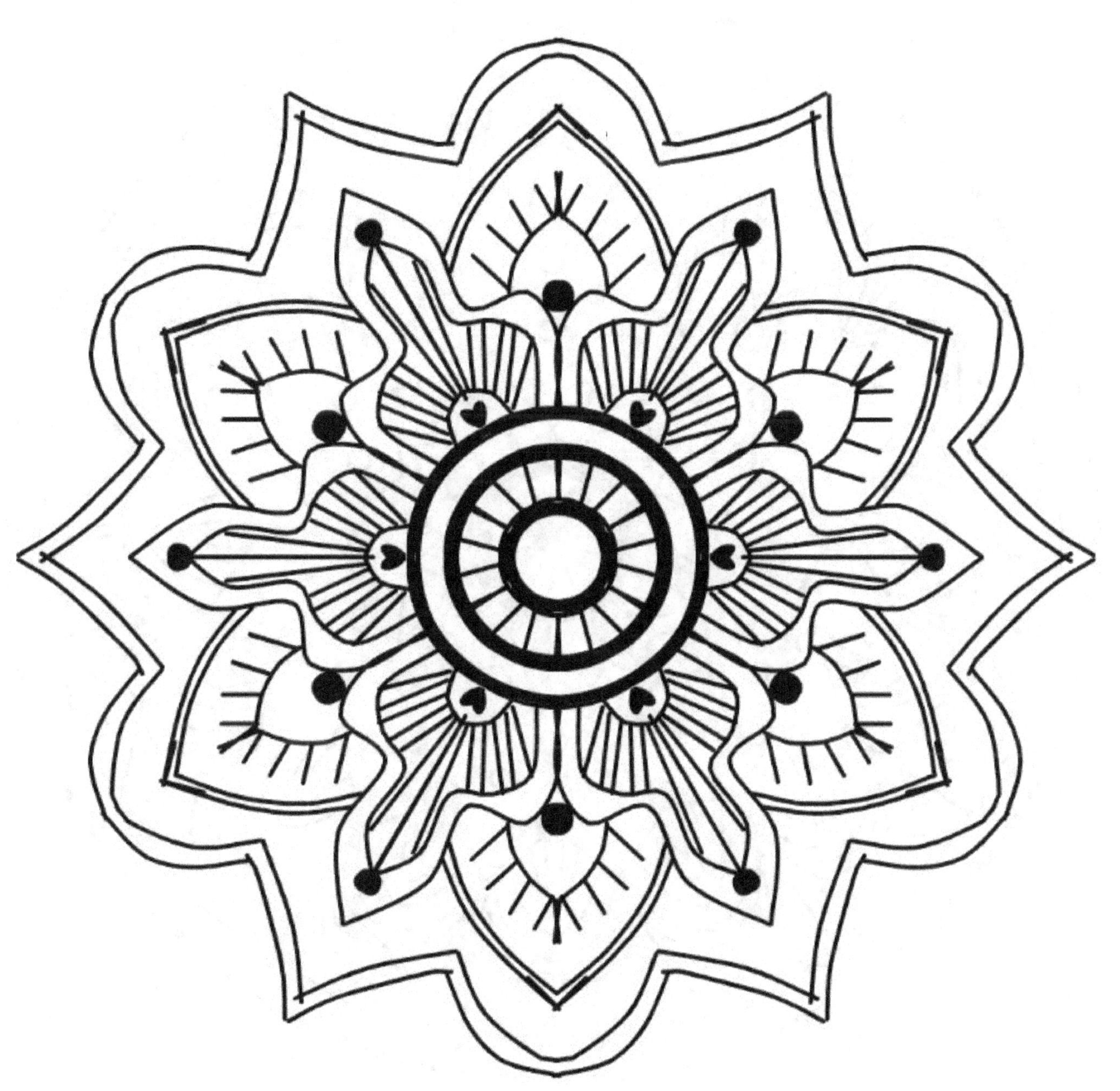

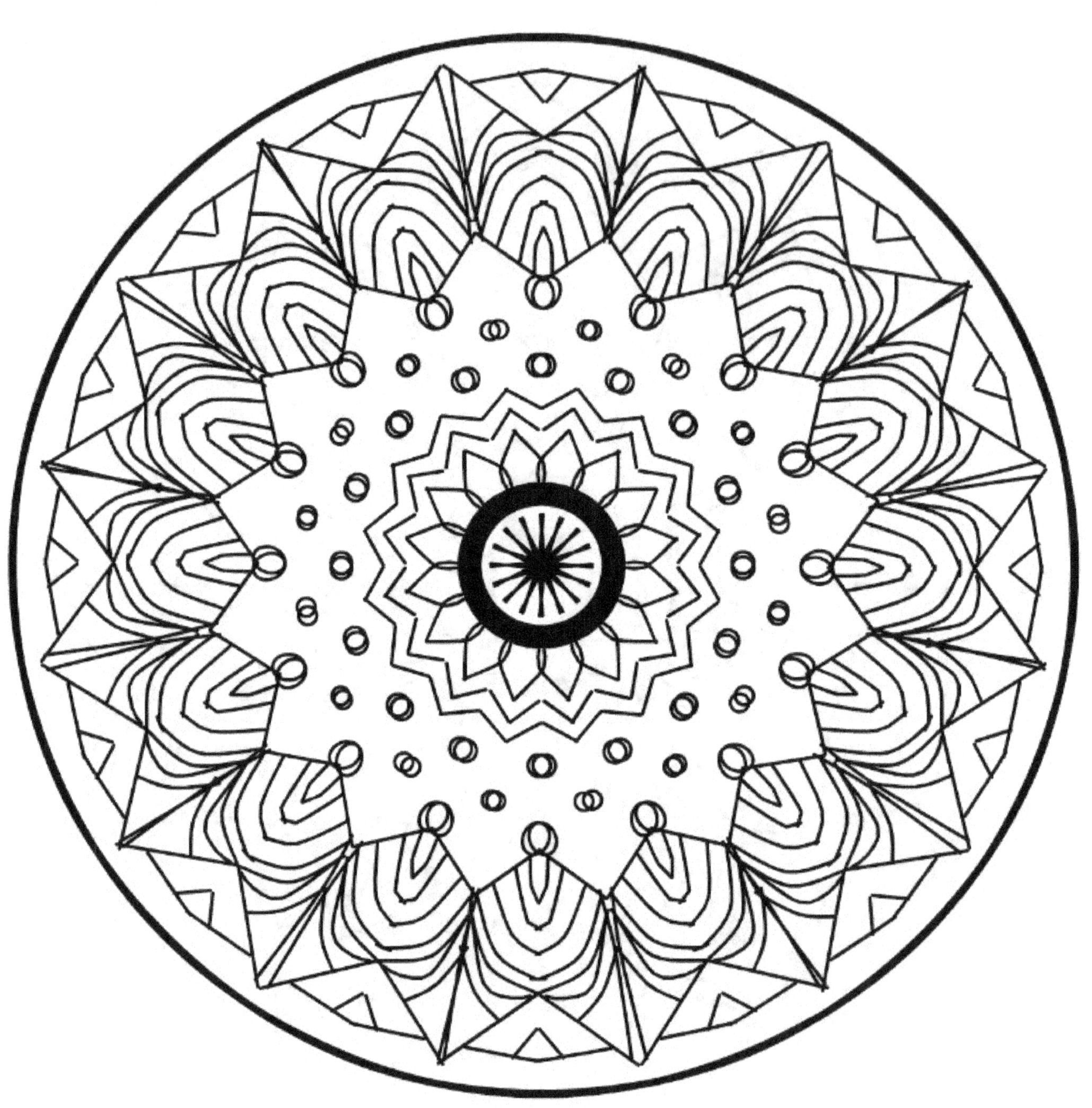

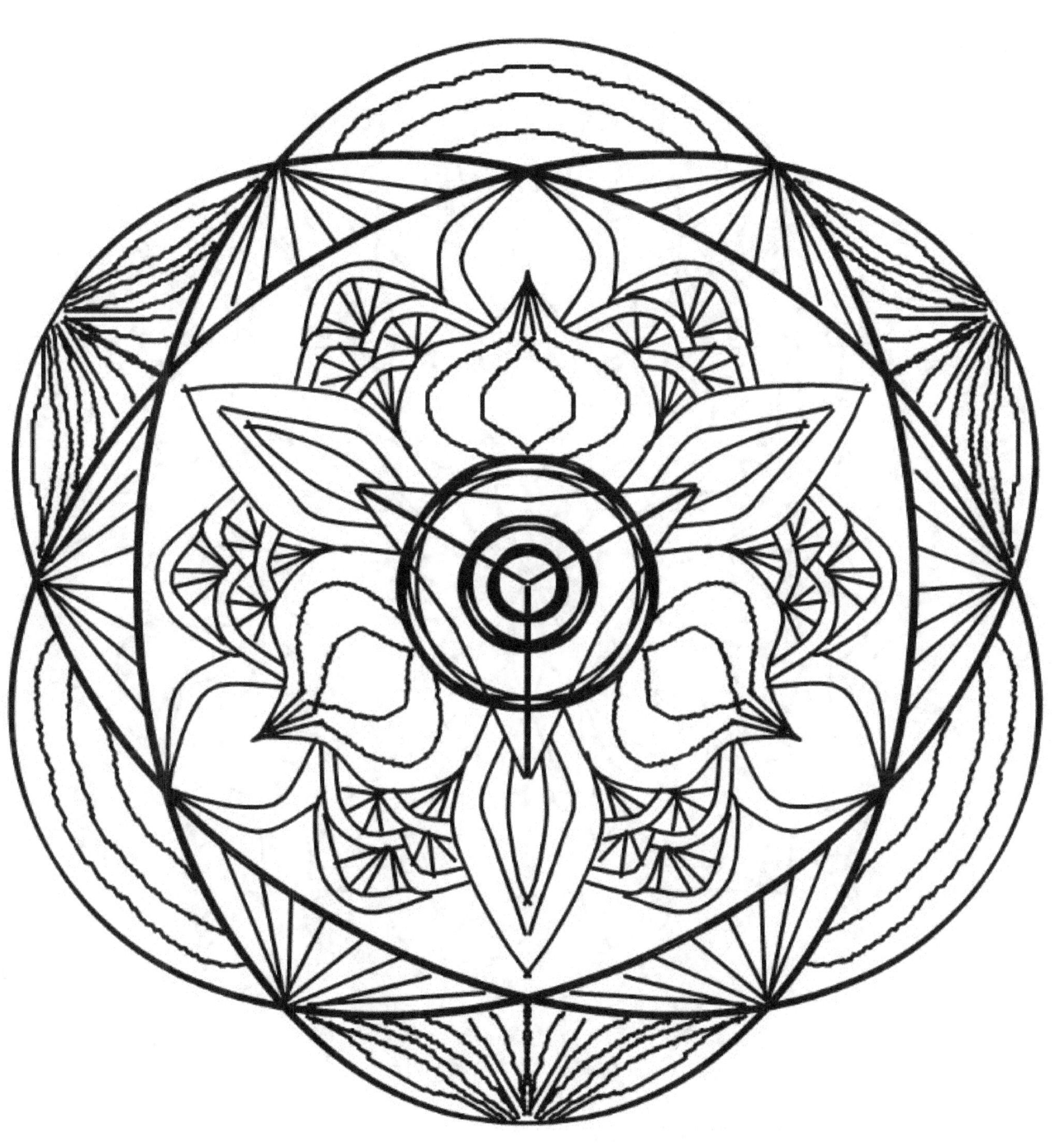

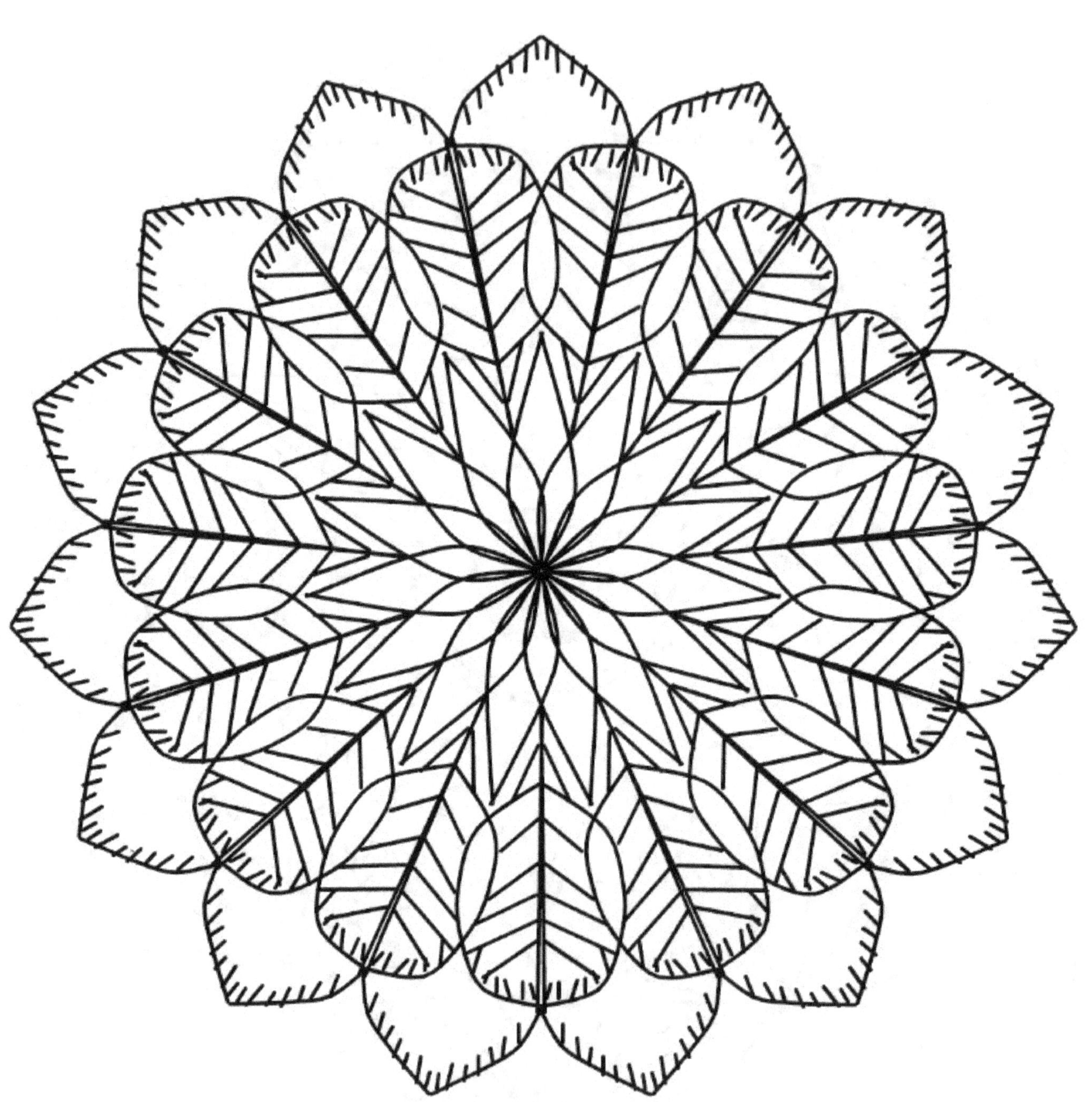

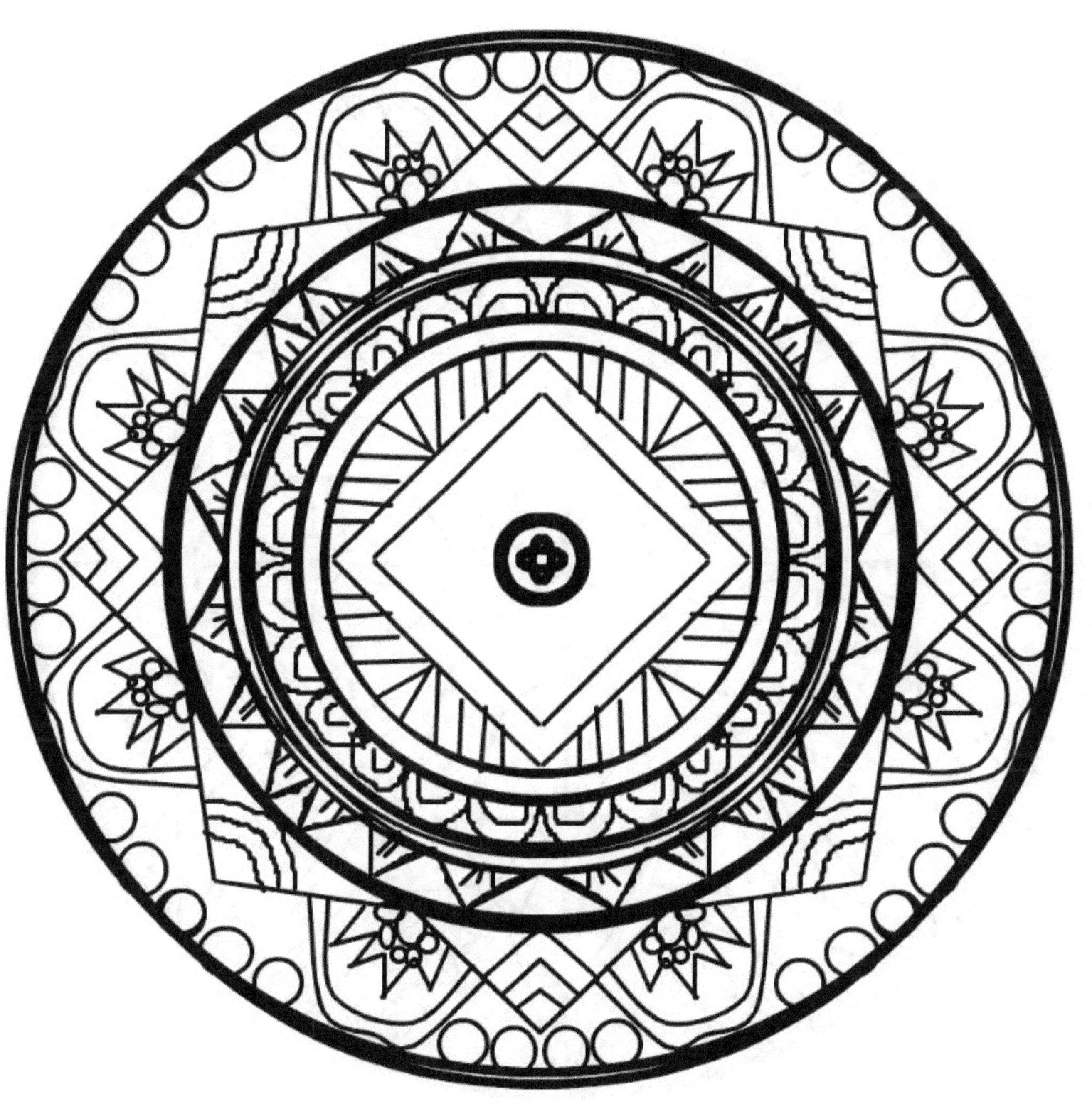

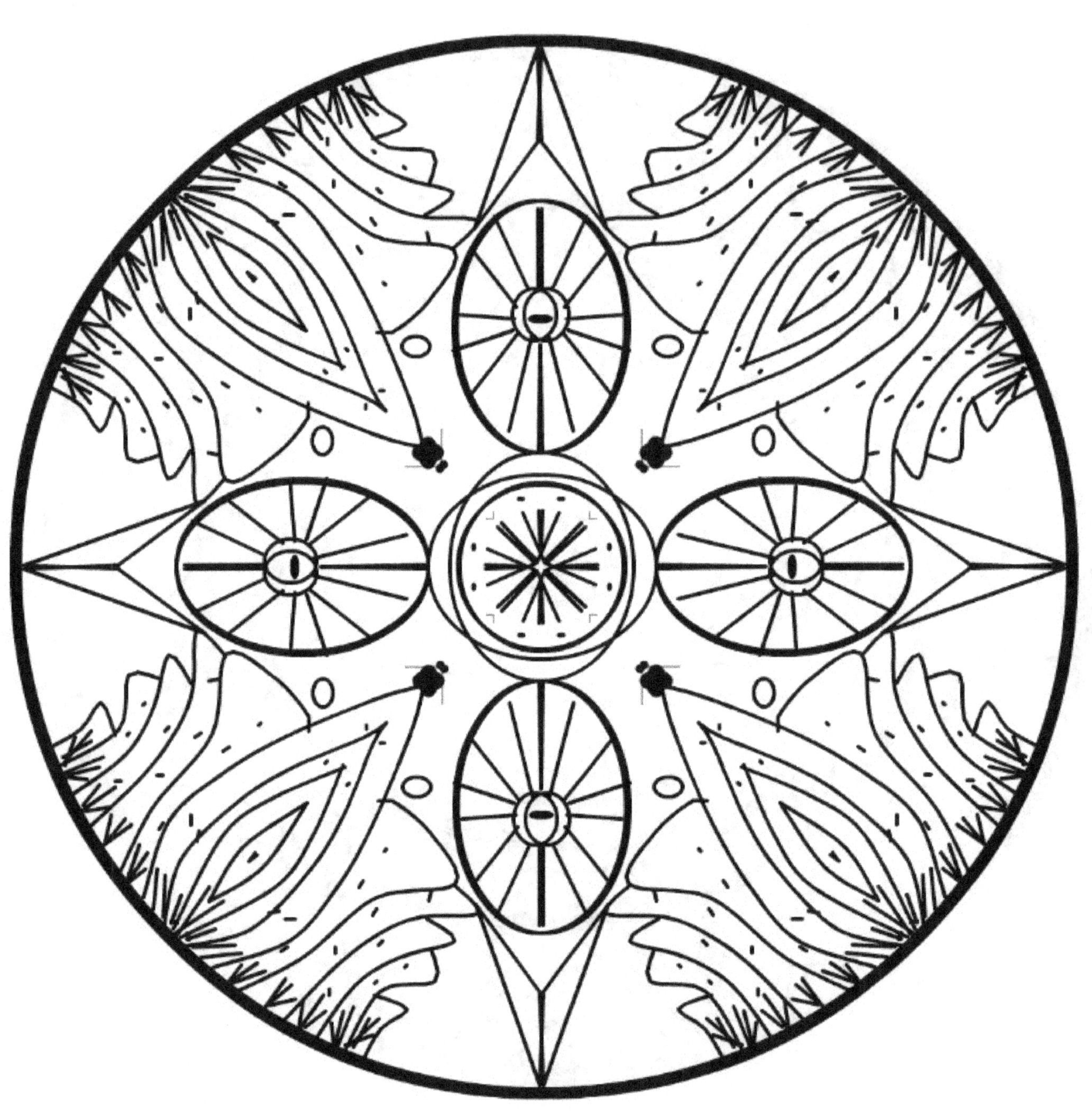

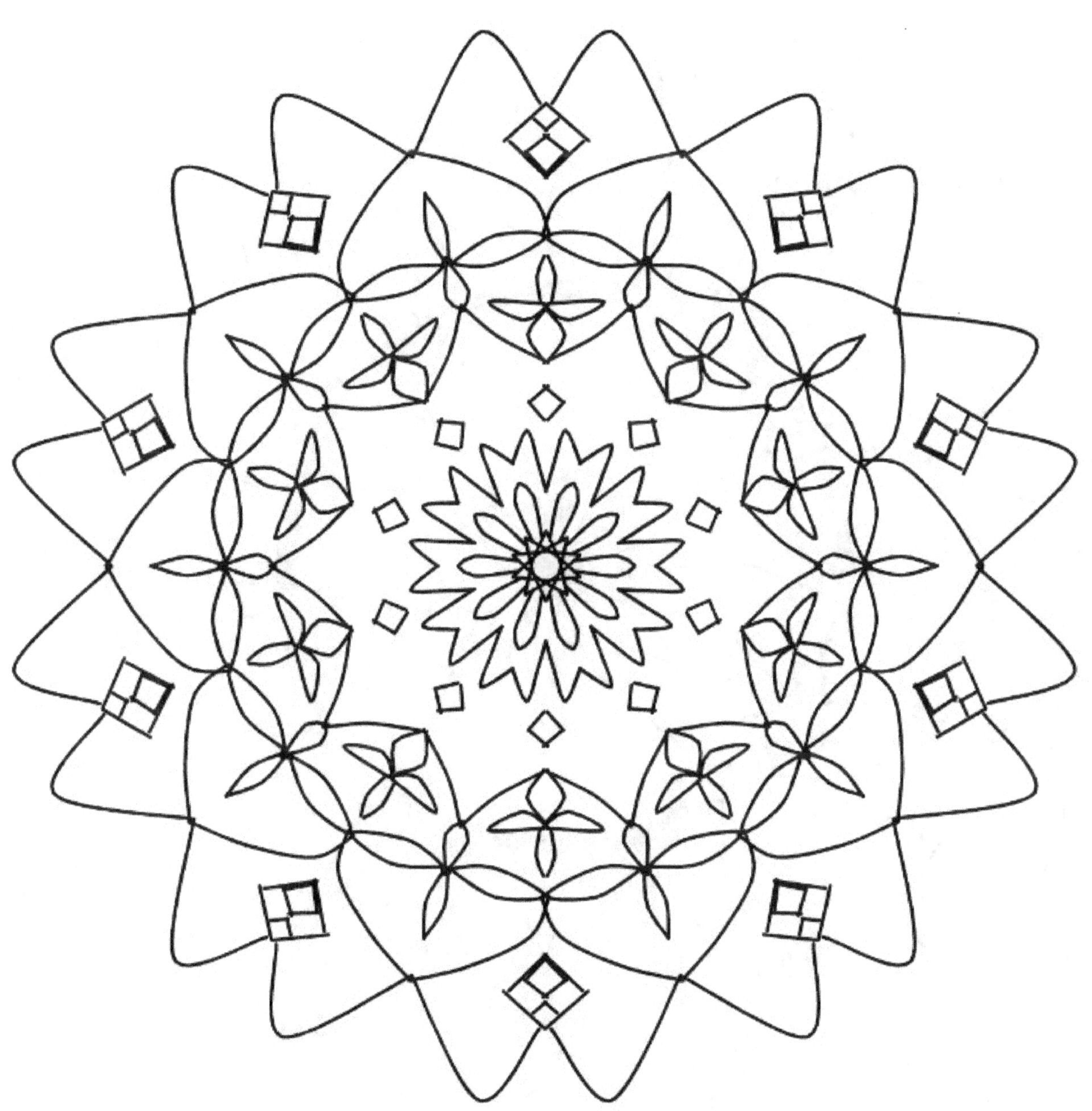

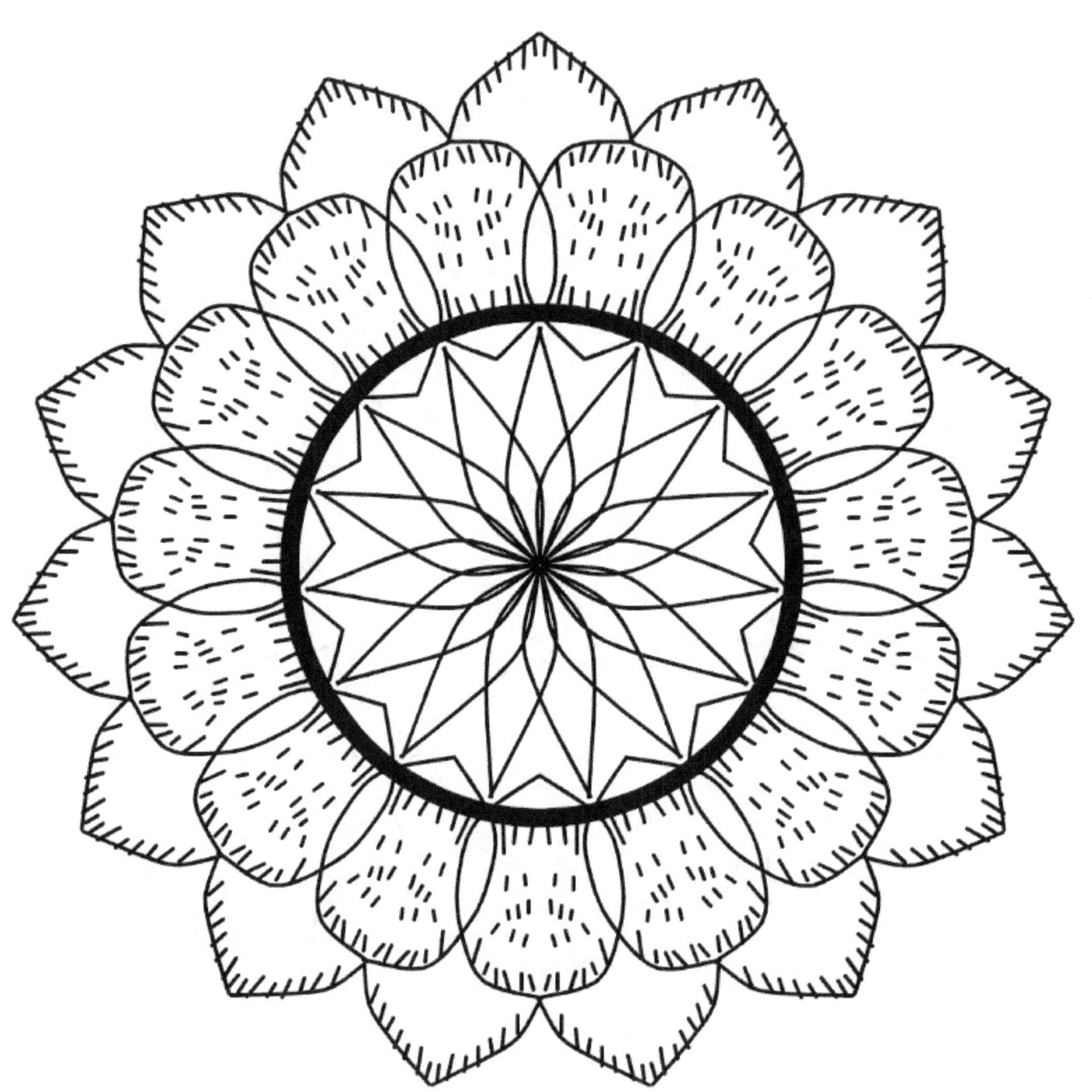

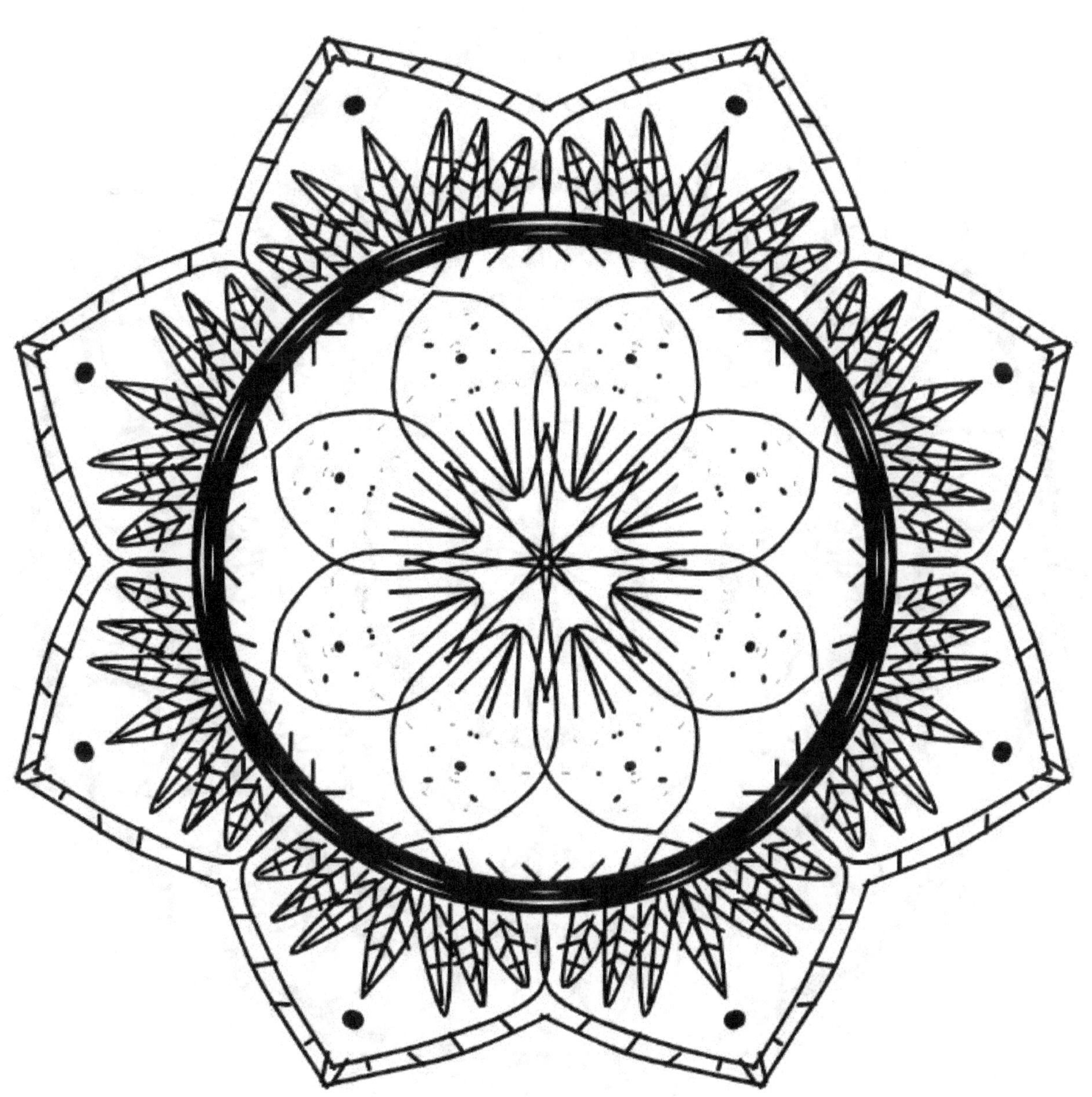

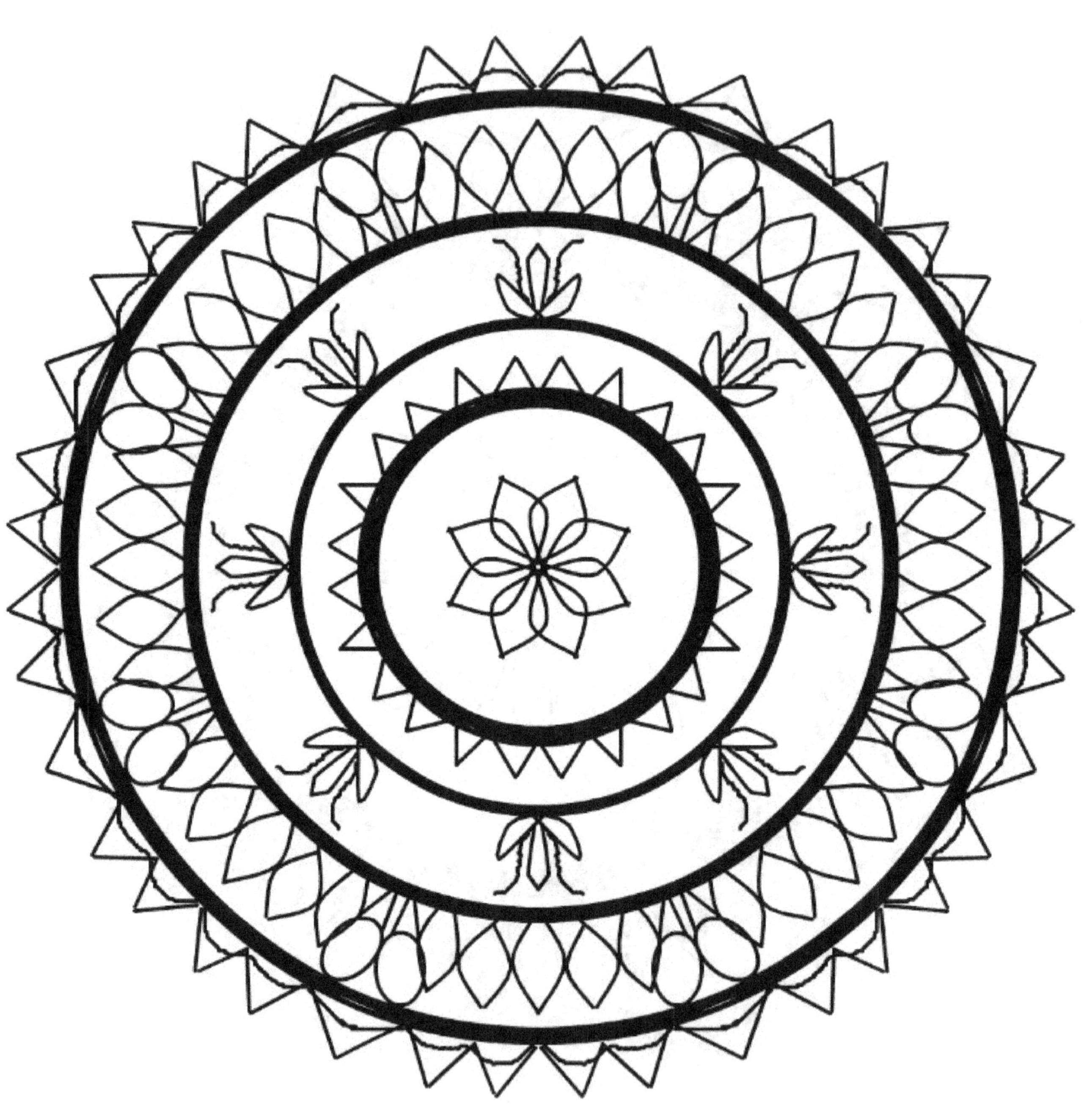

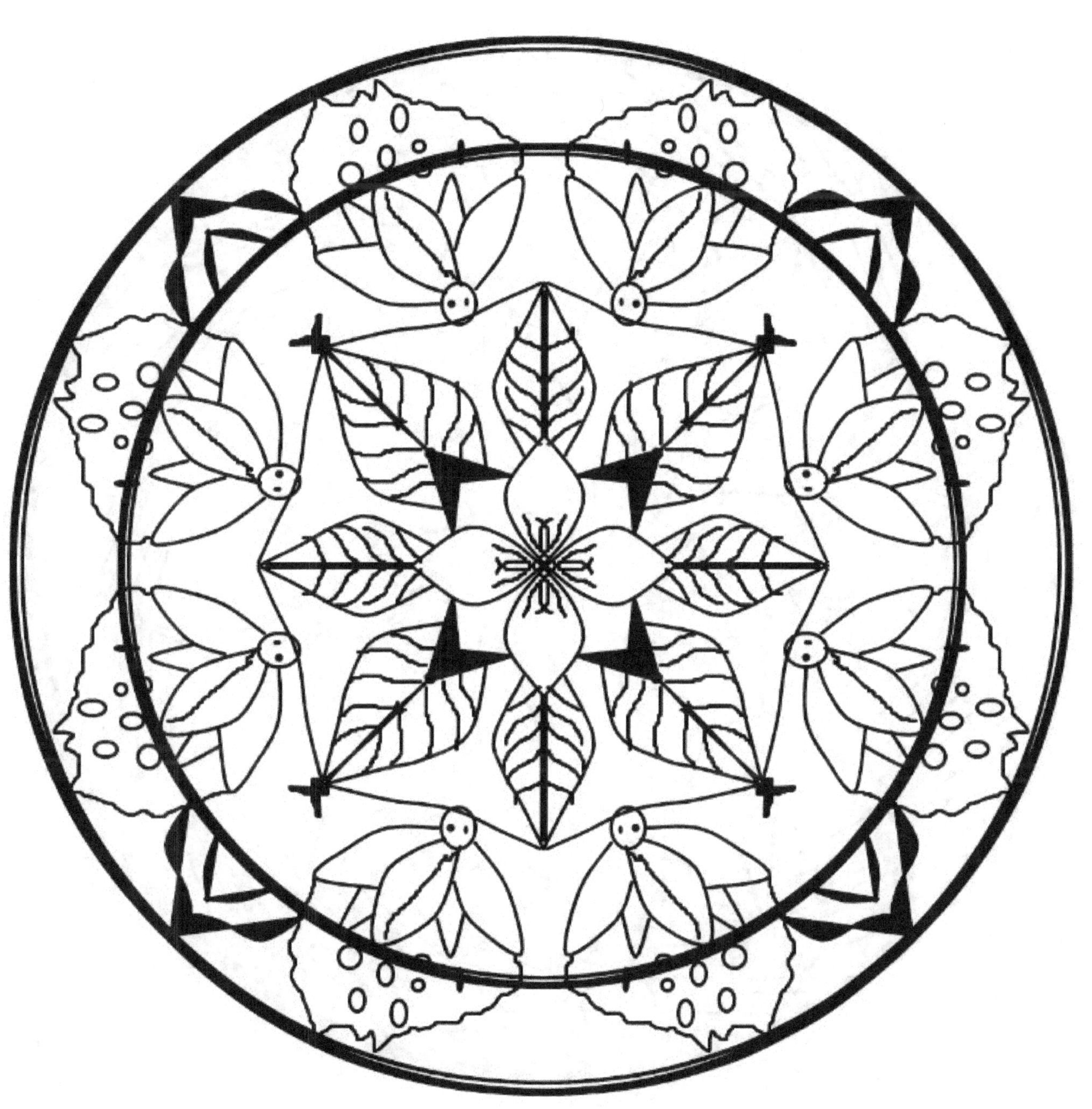

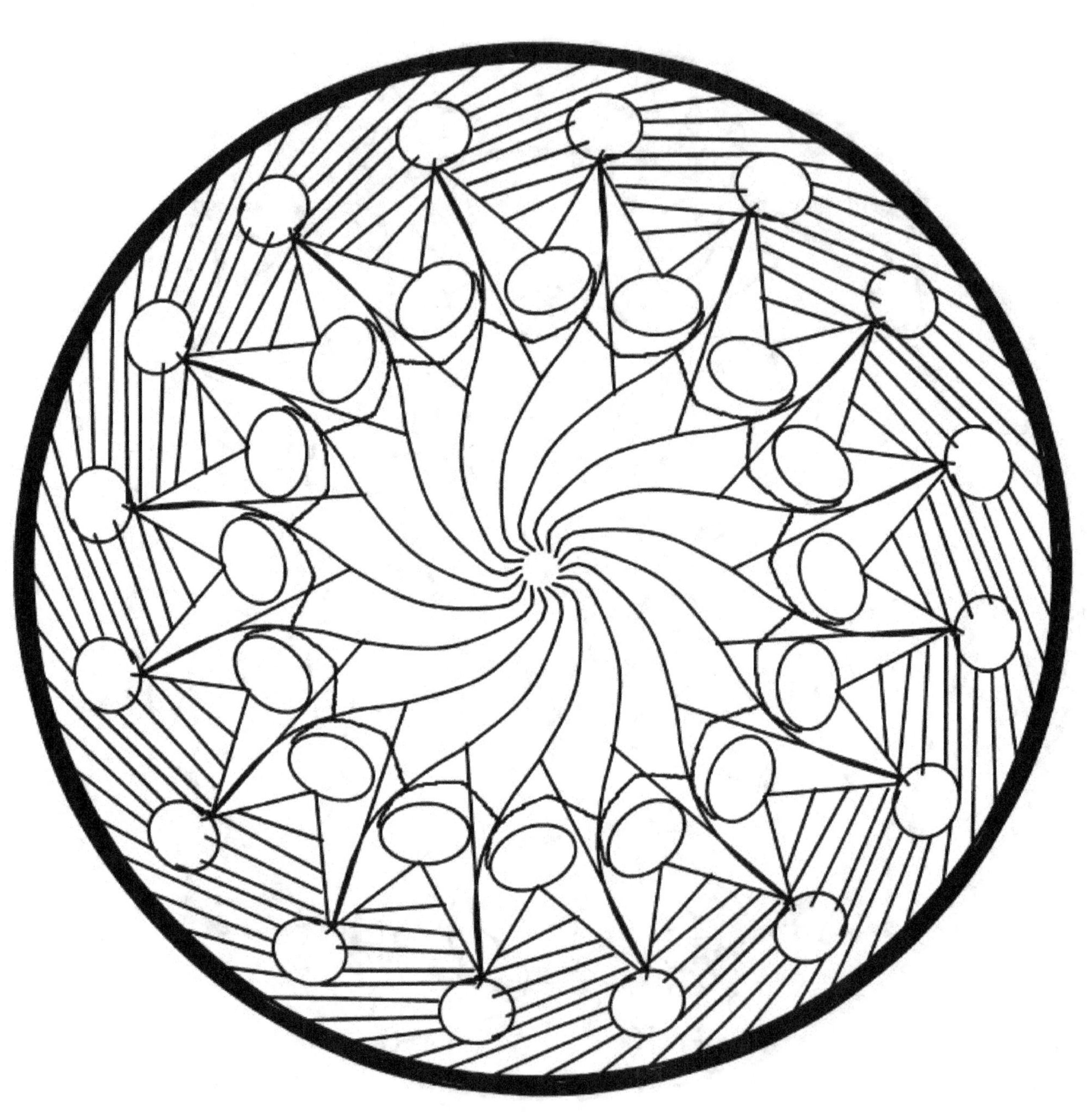

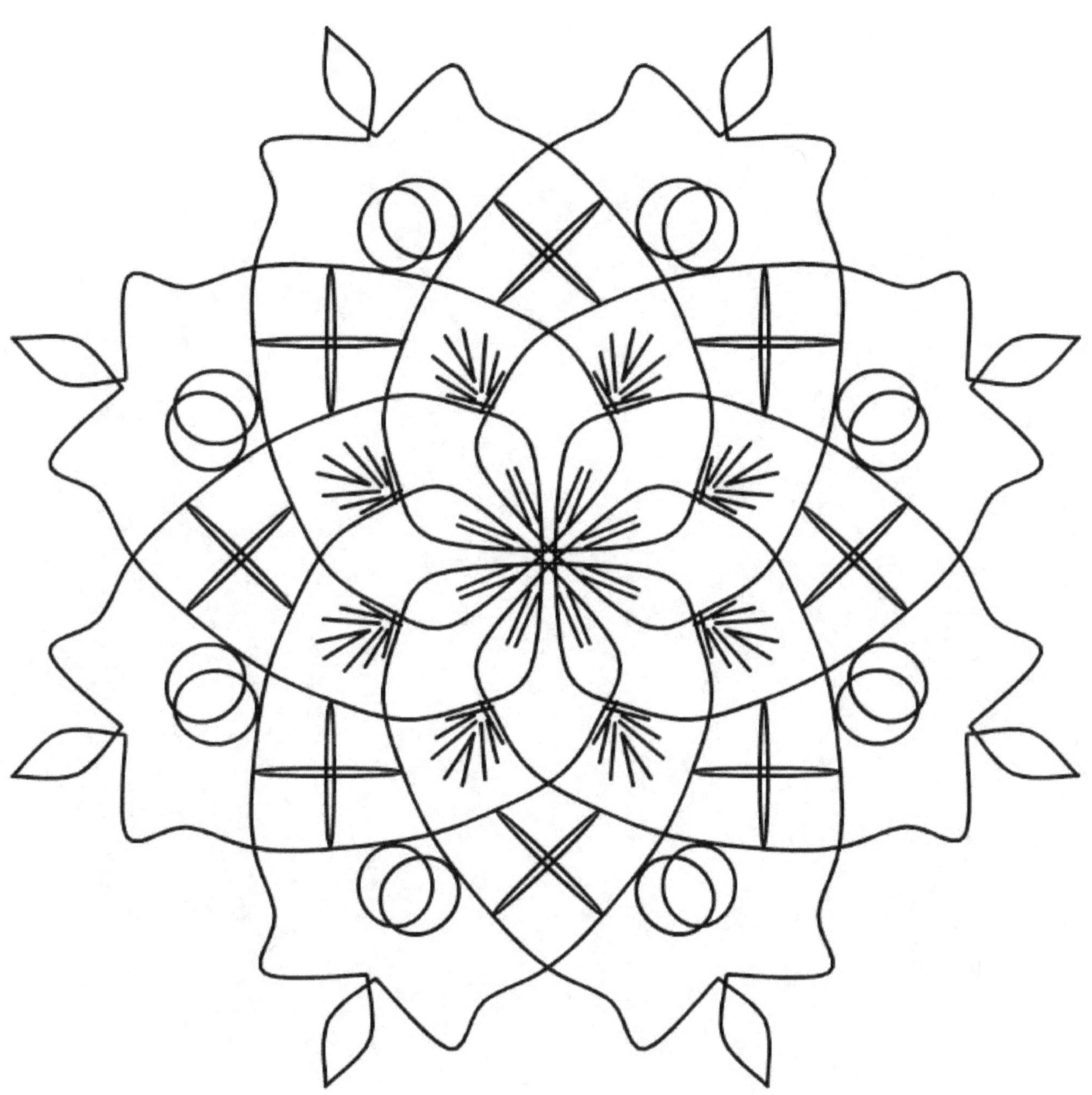

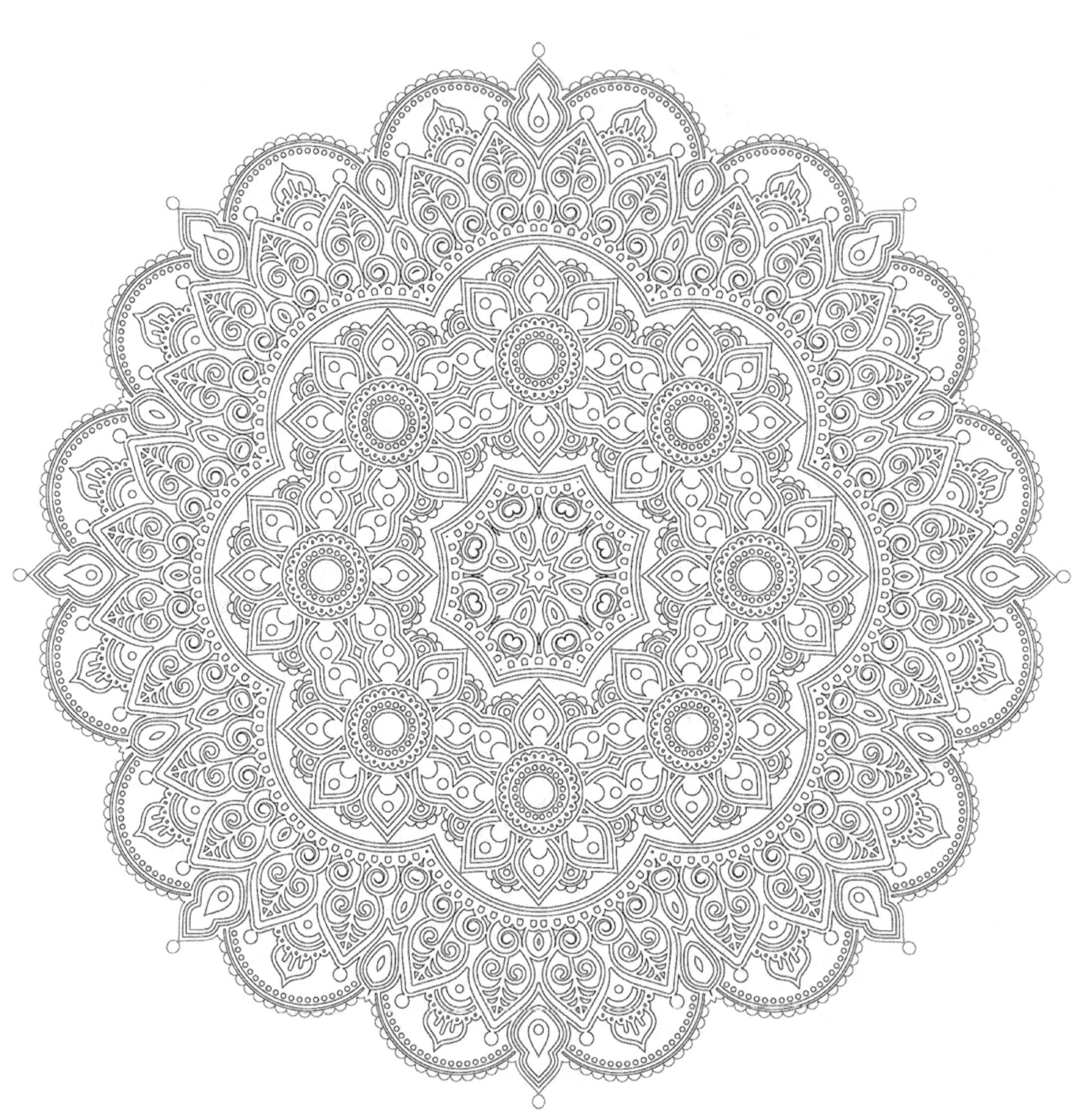

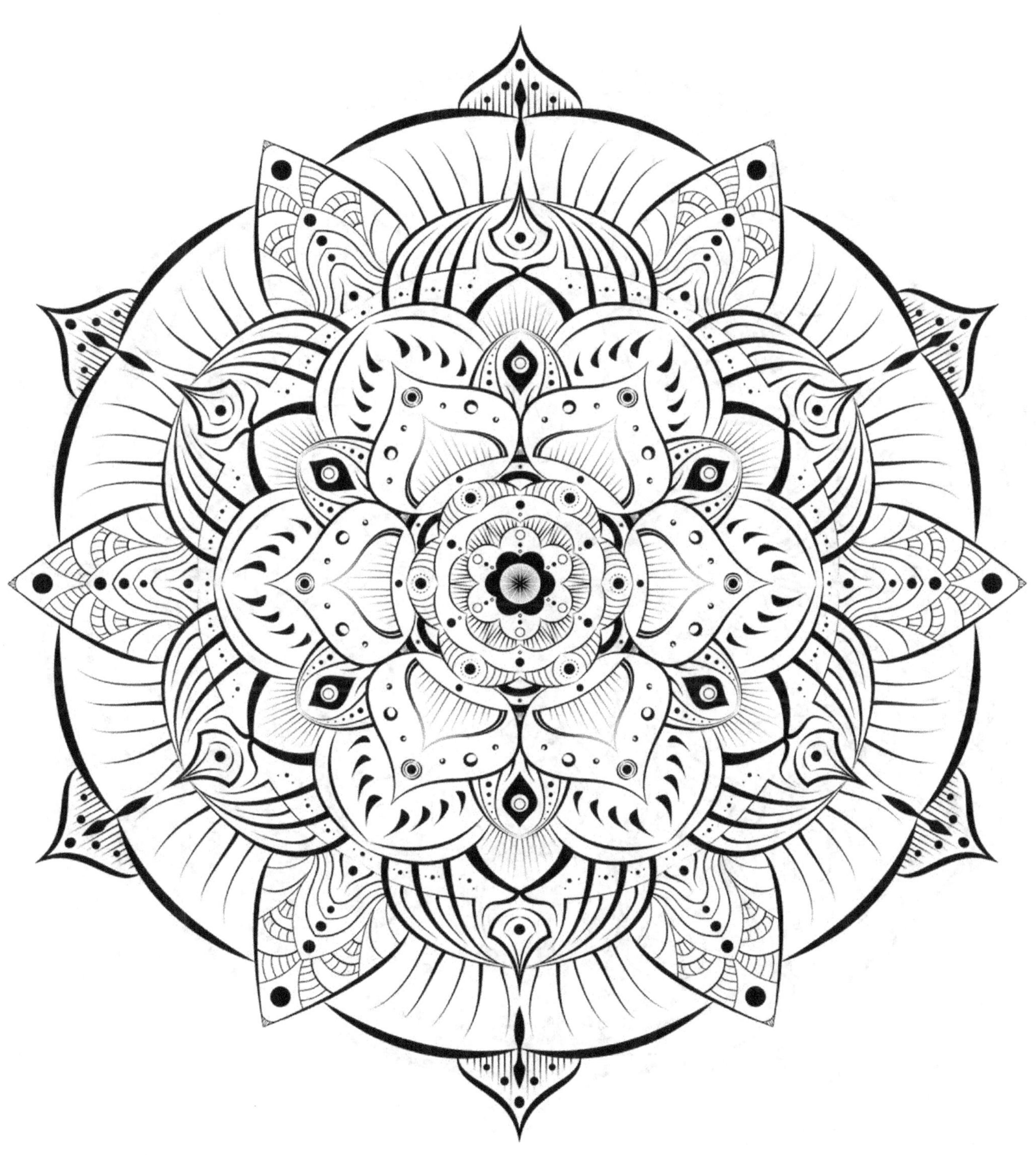

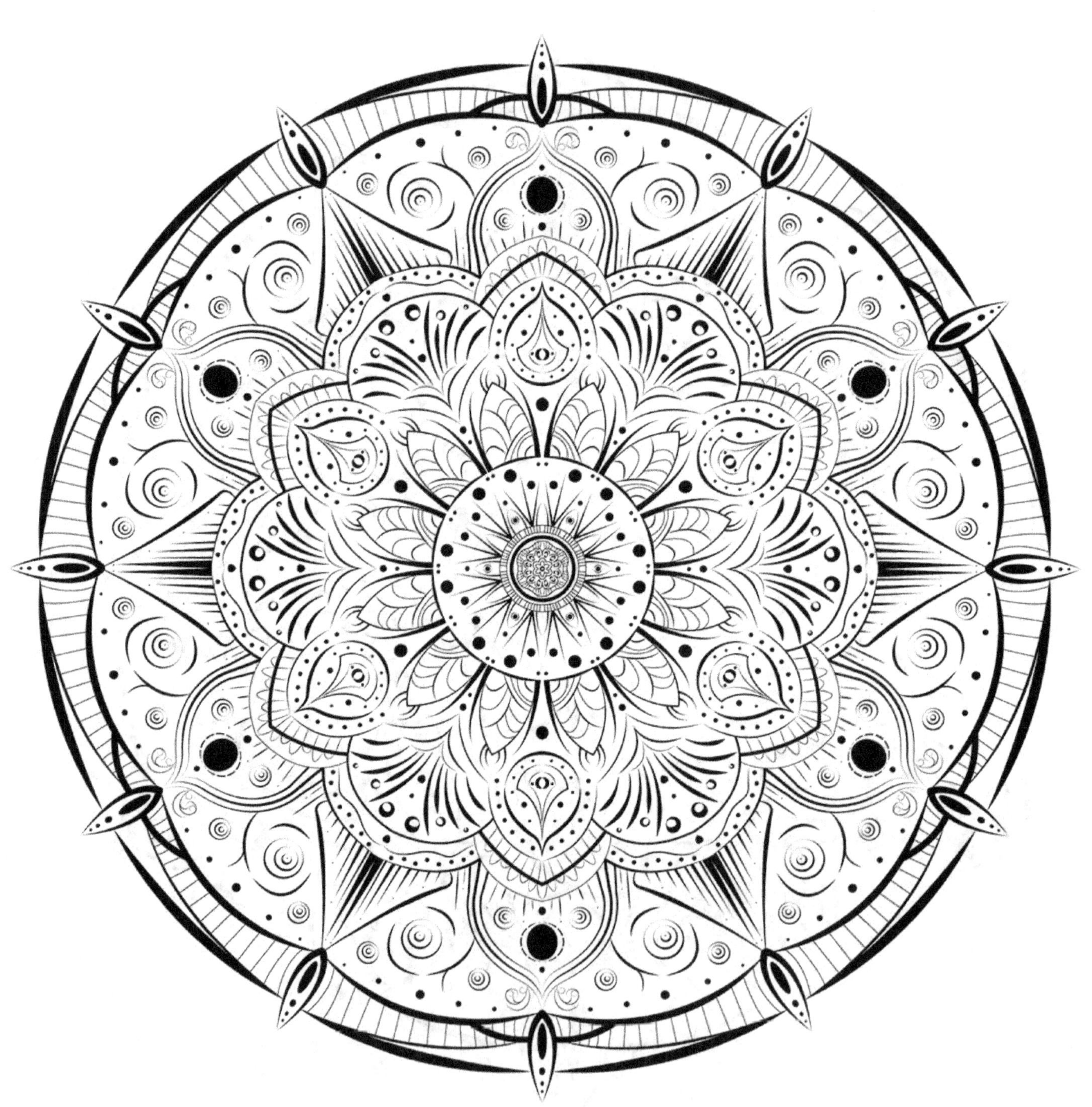

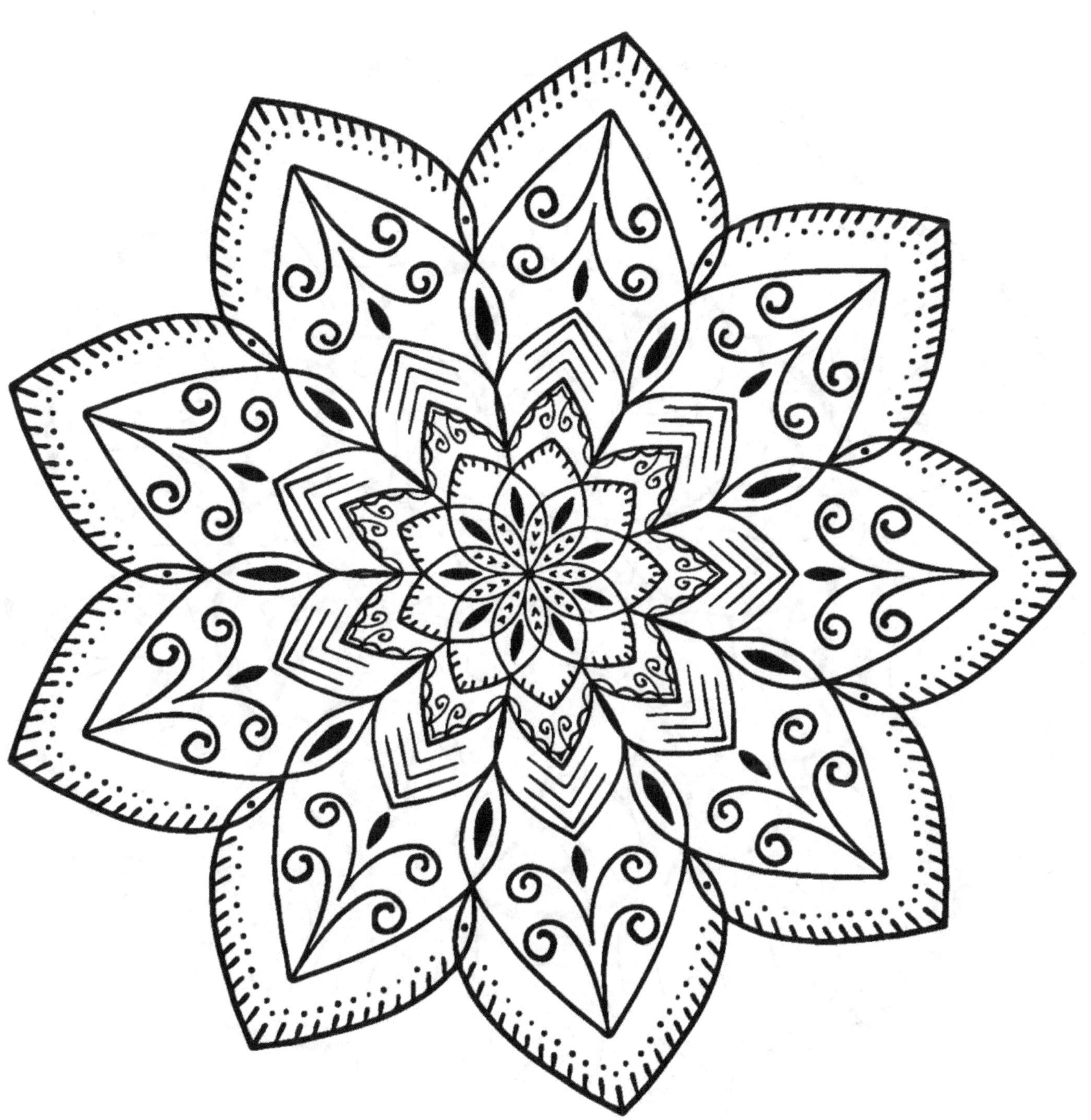

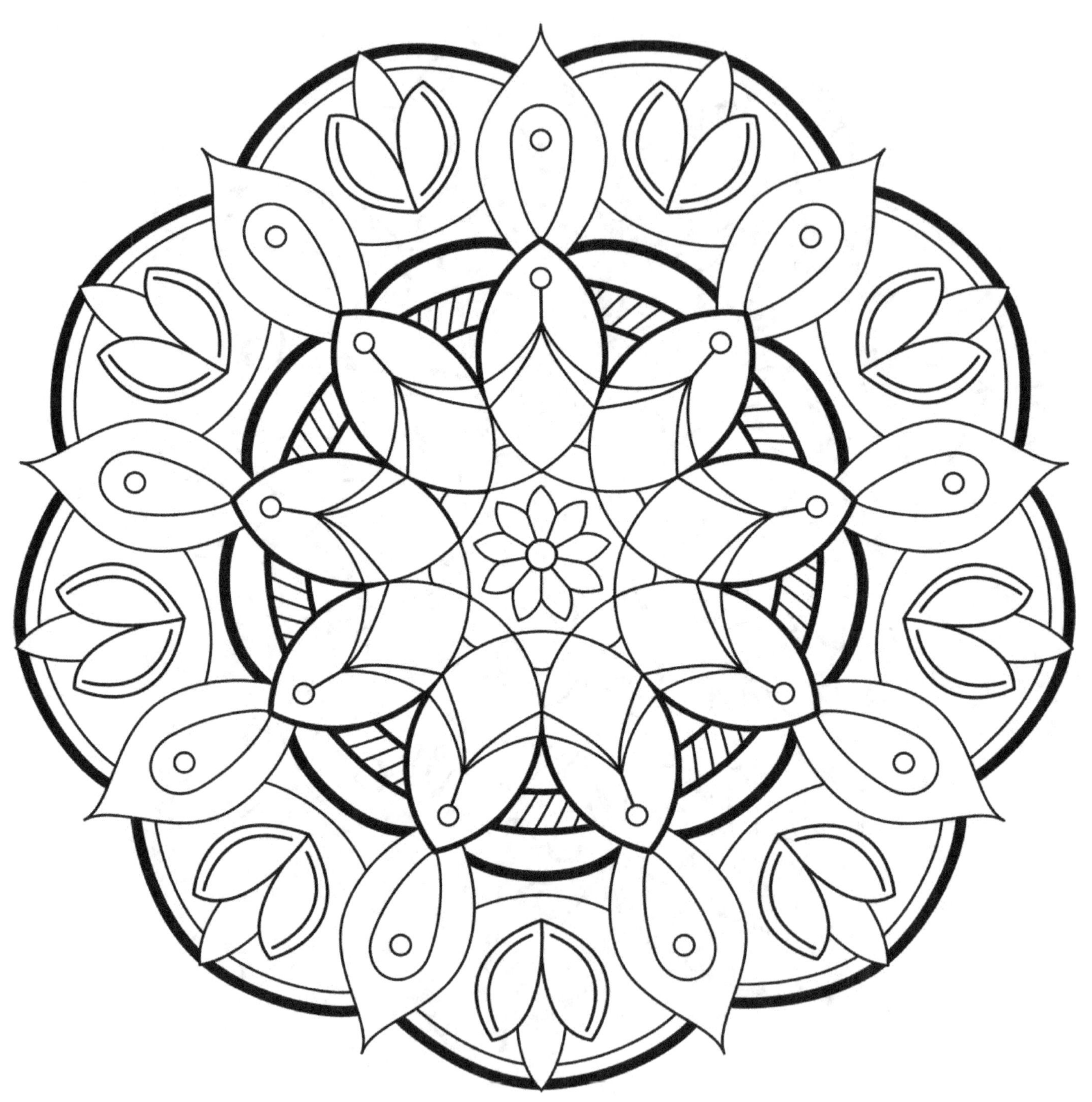

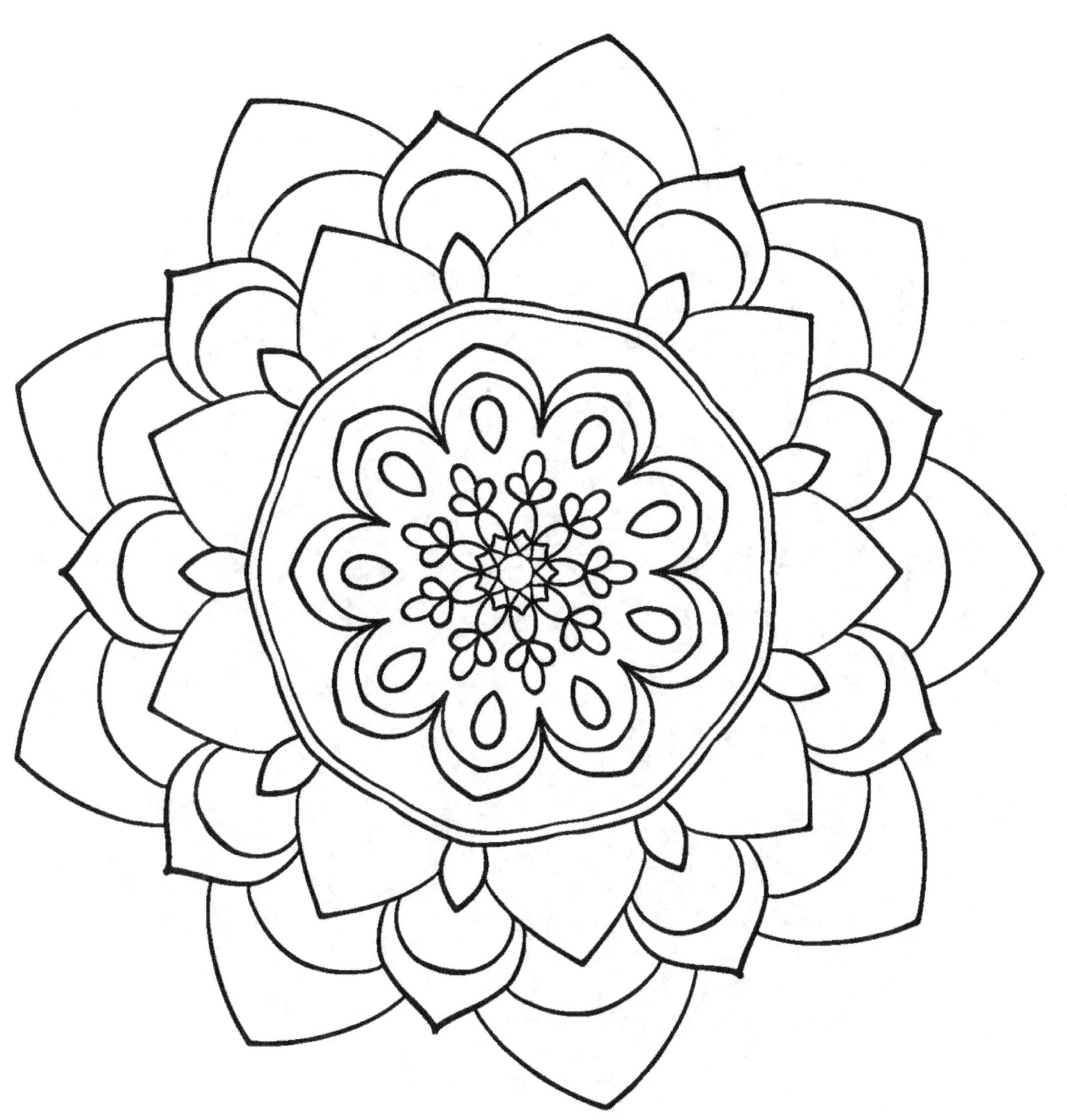

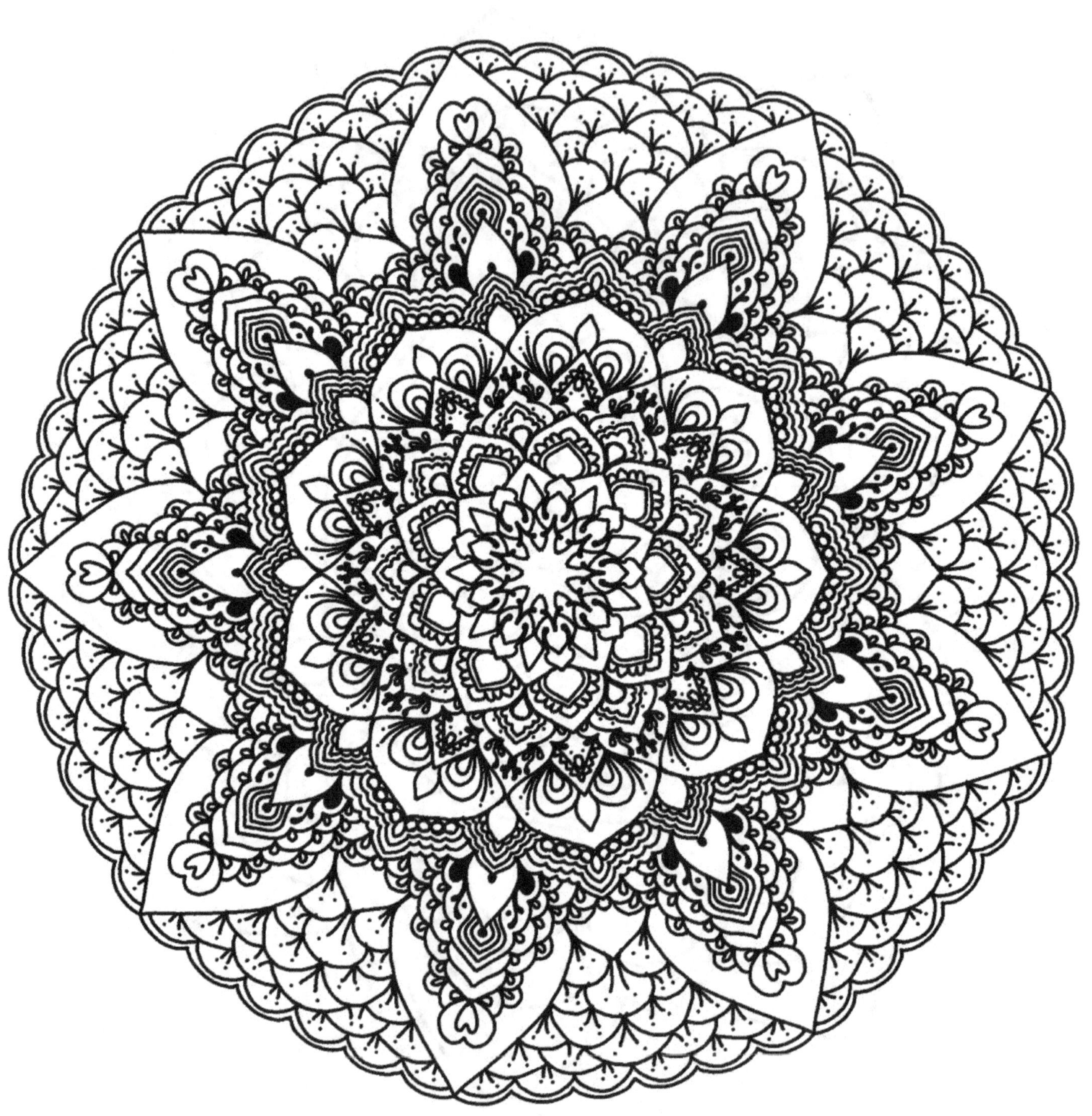

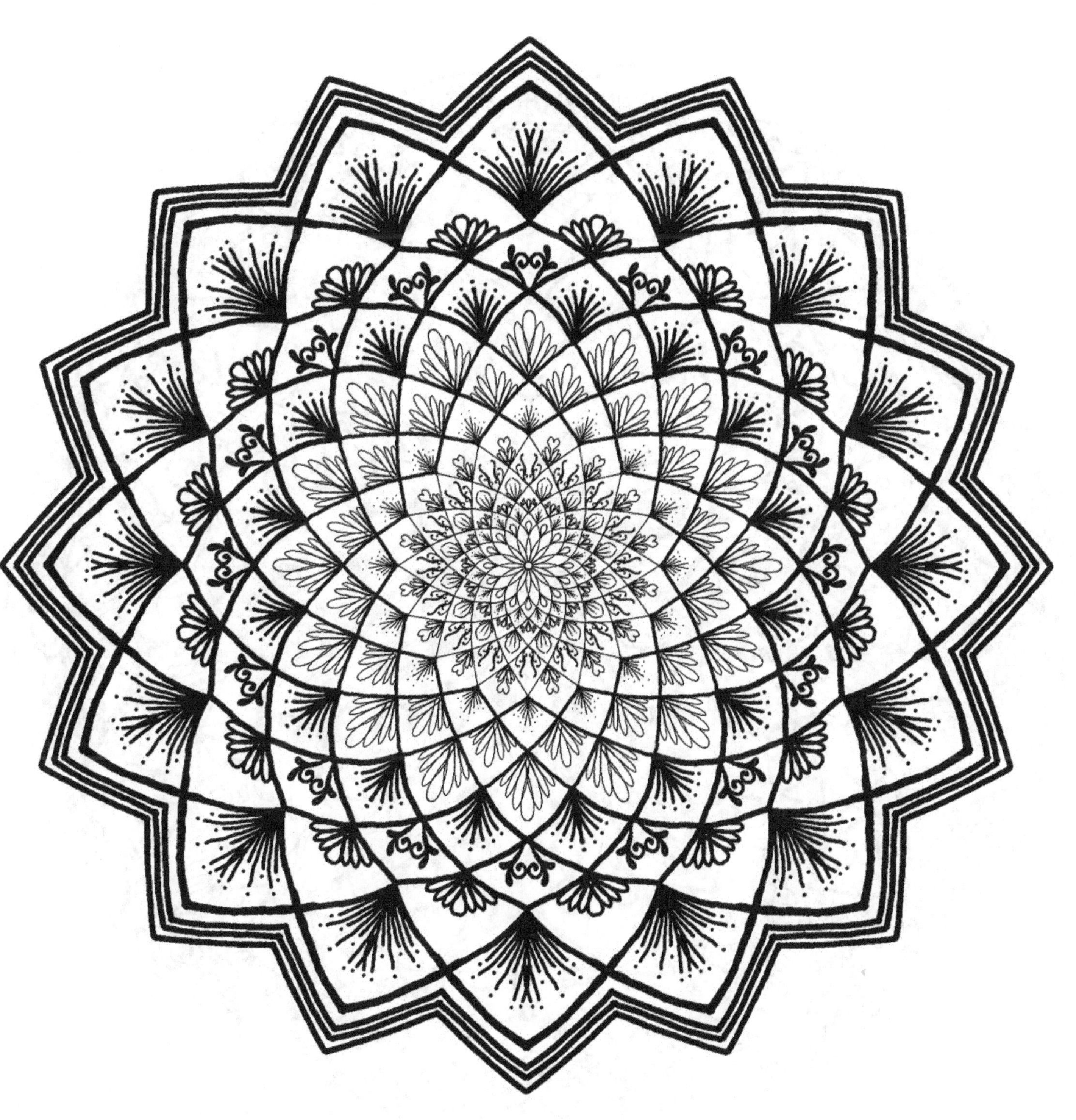

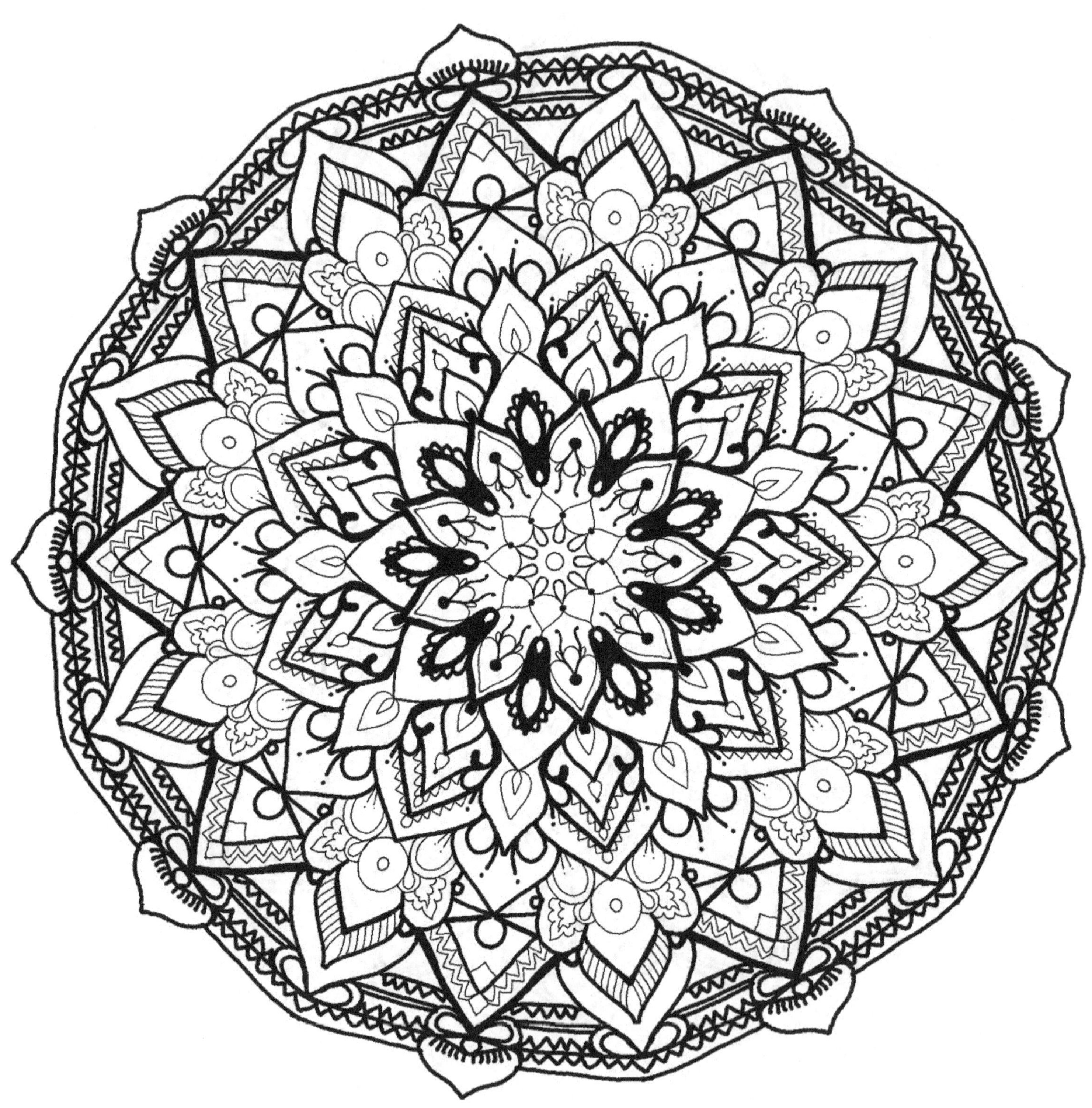

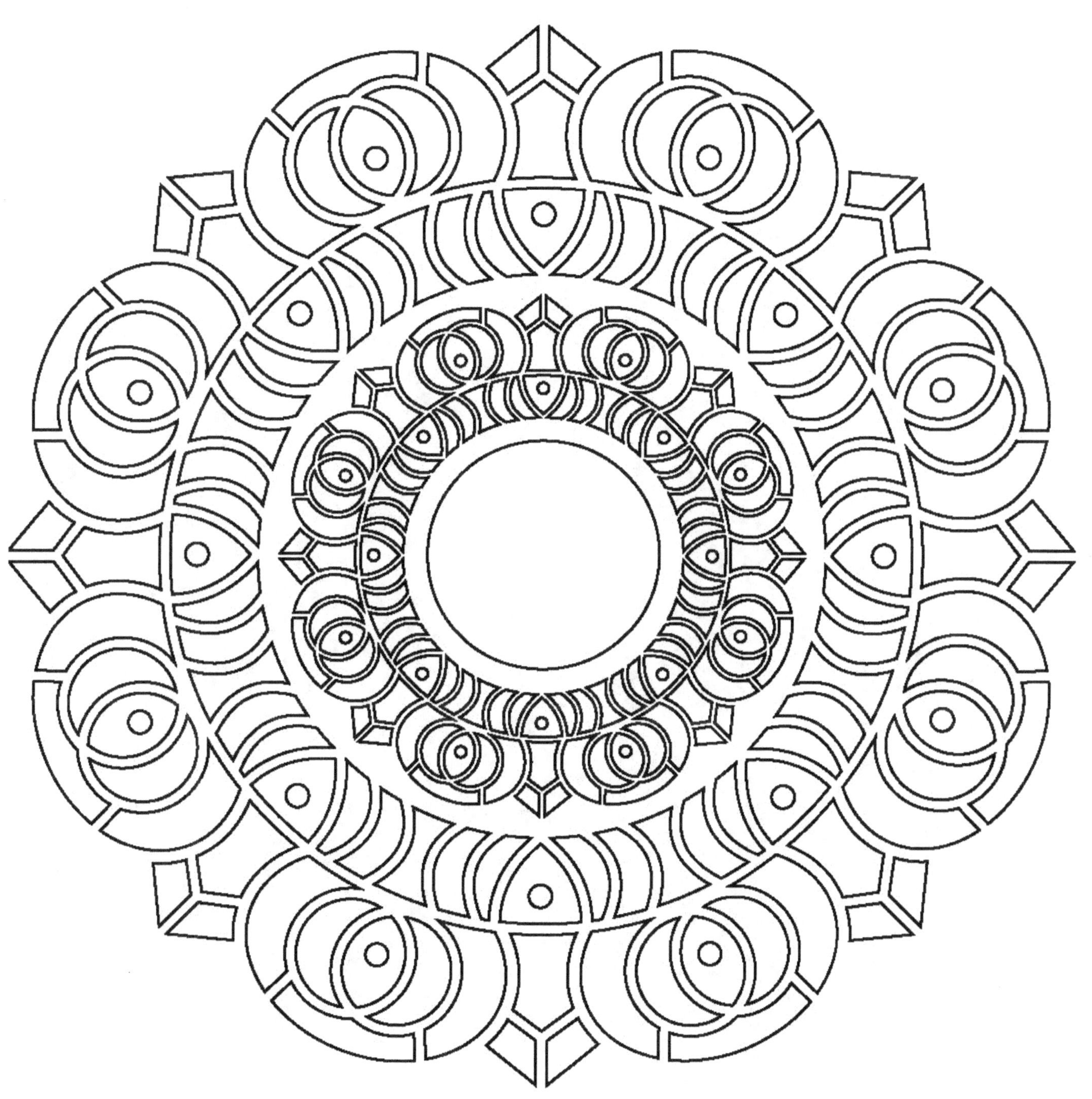